周易本义

（宋）朱熹 撰

郑同 整理

九州出版社 JIUZHOUPRESS | 全国百佳图书出版单位

图书在版编目（CIP）数据

周易本义 /（宋）朱熹撰；郑同整理 . —北京：
九州出版社，2020.6（2023.12重印）
ISBN 978-7-5108-8848-9

Ⅰ.①周… Ⅱ.①朱… ②郑… Ⅲ.《周易本义》
—研究 Ⅳ.①B244.75

中国版本图书馆 CIP 数据核字（2020）第 076521 号

周易本义

作　　者	（宋）朱熹 撰　郑同 整理
责任编辑	王文湛
出版发行	九州出版社
地　　址	北京市西城区阜外大街甲 35 号（100037）
发行电话	（010）68992190/3/5/6
网　　址	www.jiuzhoupress.com
印　　刷	北京捷迅佳彩印刷有限公司
开　　本	710 毫米×1000 毫米　16 开
印　　张	20
字　　数	255 千字
版　　次	2020 年 6 月第 1 版
印　　次	2023 年 12 月第 3 次印刷
书　　号	ISBN 978-7-5108-8848-9
定　　价	68.00 元

点校凡例

一、《周易本义》，宋代理学大师朱熹撰。本次点校所采用底本，标题又作《原本周易本义》。《周易本义》是朱熹最重要的易学著作，在中国哲学史和易学史上占有重要地位。

二、本书所采用的底本为文渊阁《四库全书》本，参校本为中华书局影印之《四书五经》本。《周易本义》成书后，流传甚广，一度成为科举考试的规范读本。此次点校，力求恢复朱熹原著的本来面目，完整地反映朱熹的易学思想和哲学思想。《四书五经》本之《卦歌》、《周易序》、《曹寅序》等，本书亦一一收入，并在标题下加以标注。附录之《易学启蒙》采用明代国子监刻本，参校本为《性理大全》本。

三、《周易本义》虽然兼讲象数与易理，但旨在解说卦爻辞中的义理，而且讲象数的目的也是为了阐发其中的易理。但《易》本卜筮之书，欲见微知著、预测吉凶，都离不开象数，所以朱熹并不排斥象数。朱熹在《周易本义》中重点阐释义理，又与蔡元定合著《易学启蒙》而解说象数与筮法。《本义》阐释义理简明深邃，《启蒙》解说象数清晰而翔实。此二书吸收了前代众多学者的研究成果，并有所发明，使易学研究达到一个新的阶段，古今易学学者对此均评价甚高，故本书《附录》中收入《易学启蒙》，使读者知古圣贤以卜筮教人之本义。

四、此次整理所加之注释，根据《周易正义》所附之《周易音义》为规范，注音亦采用反切注音之法，力求使读者得到正确的古音读法。

五、此次整理工作包括标点、文字处理、校勘工作，并吸取了部分已有定论的研究成果。

六、本书标点根据现行新的标点用法，并结合古籍整理标点的通例，对全书进行统一规范的标点。但全书不使用破折号、省略号、着重号、专名号，正文中不使用间隔号。凡并列书名号之间，一律加顿号以别之。如引用典籍中书名与篇名并列时，一律在中间加中圆点以别之。如《乾·九二》、《乾·九二·象》等。

七、文字处理。汉字简化字以国家文字工作委员会发布的《文字使用规范条例》、《简化字总表》、《第一批异体字整理表》为基准，以《辞海》和《汉语大字典》为依据。未尽之处，依古籍整理通例处理。所有文字，凡能简化者，一律简化。古体字、不规范字，一律改为规范简化字。明显讹误之处，校诸他本，径改正之，并加小注说明。其他悉从原本，不作改动。

八、注释中文字引用诸易学家姓名：虞翻、荀爽、马融、郑玄、陆绩、姚信、徐邈、王肃。注中或简化为虞曰、荀曰、马曰、郑曰、陆曰、姚曰、徐曰、王曰。特此说明。

原本周易本义提要

臣等谨案：原本《周易本义》十二卷，宋朱子撰，以上下经为二卷，十翼自为十卷。顾炎武《日知录》曰：洪武初颁五经，天下儒学而《易》兼用程朱二氏，亦各自为书。永乐中修《大全》，乃取朱子卷次割裂附《程传》之后，而朱子所定之古文仍复淆乱。如"《彖》，即文王所系之辞；《传》者，孔子所以释《经》之词，后凡言《传》放此"，乃《彖上传》条下义，今乃削去"彖上传"三字而附于"大哉乾元"之下。"象者，卦之上下两象及六爻，周公所系之辞也"，乃《象上传》条下义，今乃削去"象上传"三字而附于"天行健"之下。"此篇申《彖传》之义，以尽乾坤二卦之蕴，而余卦之说因可以例推云"，乃《文言》条下义，今乃削"文言"二字，而附于"元者善之长也"之下。其"彖曰"、"象曰"、"文言曰"皆朱子本所无，复依《程传》添入。后来士子厌《程传》烦多，弃去不读，专用《本义》；而《大全》之本乃朝廷所颁，不敢辄改，遂即监板《传义》之本，刊去《程传》，而以程之次序为朱之次序。又曰：今《四书》板本，每张十八行，每行十七字，而注皆小字所书，《礼记》并同。惟《易》每张二十二行，每行二十三字，而《本义》皆作大字，与各《经》不同。凡《本义》中，言"《程传》备矣"者，又添一"《传》曰"而引其文，皆今代人所为也。其辨最为明晰。然割裂《本义》附《程传》，自宋董楷已然，不始于永乐也。[①] 此本为咸淳乙丑九江吴革所刊，内府以宋椠摹雕

---

① 详董楷《周易传义·附录》条下。

者前有革《序》，每卷之末题"敷原后学刘念校正"文字，行欵及《象传》、履夬二卦不载《程传》，一一与顾炎武所言合。卷端惟列九图，卷末系以《易赞》五首、《筮仪》一篇，今本升《筮仪》于前而增列《卦歌》之类者亦迥乎不同。《象上传》标题之下注"从王肃本"四字，今删之。又《杂卦传》"咸速也恒久也"下，今本惟注"咸速恒久"四字，读者恒以为疑。考验此本，乃是"感速常久"，经后人传刻而讹，实为善本，故我圣祖仁皇帝《御纂周易折中》即用此本之次序，复先圣之旧文，破俗儒之陋见，洵读《易》之家所宜奉为彝训者矣。

乾隆四十六年十二月恭校上

总纂官　臣纪昀 臣陆锡熊 臣孙士毅

总校官　臣陆费墀

原本周易本义序

　　象占，《易》本义也。伏羲画卦，文王系象，周公系爻，皆以象与占决吉凶悔吝，各指其所之。孔子《十翼》专注义理，发挥经言，岂有异旨哉？体用一源，显微无间，互相发而不相悖也。程子以义理为之传，朱子以象占本其义，革每合而读之，心融体验，将终身玩索，庶几寡过。昨刊《程传》于章贡郡斋，今敬刊《本义》于朱子故里，与同志共之折。朱子有言，顺理则吉，逆理则凶，悔而趋吉，吝自吉而向凶，必然之应也。夫子曰：不占而已矣。

　　　　　　　　　　　　　　　　　　　　咸淳乙丑立秋日
　　　　　　　　　　　　　　　　　　后学九江吴　革谨书

曹 寅 序[①]

　　《周易》经传，自商瞿亲受，历西汉，家承师说，梁丘施孟，源流井然。暨乎京、费继起，东都马、郑诸儒，皆宗费氏。魏代王弼因为之注，盛行隋唐间，今所有注疏本是也。班固云：费直治《易》，亡章句，徒以《彖》、《象》、《系辞》十篇、《文言》解说上下经。是割裂古经编简，自费氏始。宋伊川程子作《传》仍主费氏本，紫阳作《本义》，则从东莱吕氏考订古本，于是古《易》复行于世。明初以经义取士，《易》注兼用程朱，故刊本经文主程传，而朱子《本义》附焉。流及中叶，帖括之士，日趋简便，祧程而祔朱。乃坊本，虽名《本义》，次序则仍遵程传，简端题词又列朱子之语，自相矛盾，不辨可知矣。数百年来，塾师所授，经生所爱，无有起而厘正者。夫《六经》在世，如日月经天，江河行地，而首经谬语如此！使童而习之者，执迷而不悟，亦学士大夫之过也。余宦游江左，奉命校书扬州，于花溪借得宋椠《本义》善本，属门人重付开雕，以广其传，俾后学得以目见古经，而不终汩没于俗学，是亦盛代右文之一助云尔。

康熙五十年辛卯嘉平月

曹寅书于扬州使院

---

　　① 明清版本多有此序，今录之。

周　易　序①

　　《易》之为书，卦爻象象之义备，而天地万物之情见，圣人之忧天下来世其至矣。先天下而开其物，后天下而成其务。是故极其数以定天下之象，著其象以定天下之吉凶。六十四卦，三百八十四爻，皆所以顺性命之理，尽变化之道也。散之在理，则有万殊；统之在道，则无二致。所以，易有太极，是生两仪。太极者，道也；两仪者，阴阳也。阴阳一道也，太极无极也。万物之生，负阴而抱阳，莫不有太极，莫不有两仪。絪缊交感，变化不穷。形一受其生，神一发其智，情伪出焉，万绪起焉。易，所以定吉凶而生大业。故易者，阴阳之道也。卦者，阴阳之物也。爻者，阴阳之动也。卦虽不同，所同者奇偶。爻虽不同，所同者九六。是以六十四卦为其体，三百八十四爻互为其用，远在六合之外，近在一身之中。暂于瞬息，微于动静，莫不有卦之象焉，莫不有爻之义焉。至哉易乎！其道至大而无不包，其用至神而无不存。时固未始有一，而卦未始有定象。事固未始有穷，而爻亦未始有定位。以一时而索卦，则拘于无变，非易也。以一事而明爻，则窒而不通，非易也。知所谓卦爻象象之义，而不知有卦爻象象之用，亦非易也。故得之于精神之运，心术之动，与天地合其德，与日月合其明，与四时合其序，与鬼神合其吉凶，然后可以谓之知易也。虽然，易之有卦，易之已形者也。卦之有爻，卦之已见者也。已形已见者，可以知言；未形未见者，不可以名求。则所谓易者，果何如哉？此学者所当知也。

---

　　①　明清版本多有此序，今录之。

周易本义卦歌①

八卦取象卦歌

☰乾三连　☷坤六断
☳震仰盂　☶艮履碗
☲离中虚　☵坎中满
☱兑上缺　☴巽下断

分宫卦象次序②

乾为天	天风姤	天山遁	天地否
风地观	山地剥	火地晋	火天大有
坎为水	水泽节	水雷屯	水火既济
泽火革	雷火丰	地火明夷	地水师
艮为山	山火贲	山天大畜	山泽损
火泽睽	天泽履	风泽中孚	风山渐
震为雷	雷地豫	雷水解	雷风恒
地风升	水风井	泽风大过	泽雷随
巽为风	风天小畜	风火家人	风雷益

---

① 四书五经本多有此卦歌，今录之。
② 乾坎艮震为阳四宫，巽离坤兑为阴四宫，每宫阴阳八卦。

天雷无妄	火雷噬嗑	山雷颐	山风蛊
离为火	火山旅	火风鼎	火水未济
山水蒙	风水涣	天水讼	天火同人
坤为地	地雷复	地泽临	地天泰
雷天大壮	泽天夬	水天需	水地比
兑为泽	泽水困	泽地萃	泽山咸
水山蹇	地山谦	雷山小过	雷泽归妹

上下经卦名次序歌

乾坤屯蒙需讼师，比小畜兮履泰否。
同人大有谦豫随，蛊临观兮噬嗑贲。
剥复无妄大畜颐，大过坎离三十备。
咸恒遁兮及大壮，晋与明夷家人睽。
蹇解损益夬姤萃，升困井革鼎震继。
艮渐归妹丰旅巽，兑涣节兮中孚至。
小过既济兼未济，是为下经三十四。

上下经卦变歌

讼自遁变泰归妹，否从渐来随三位。
首困噬嗑未济兼，蛊三变贲井既济。
噬嗑六五本益生，贲原于损既济会。
无妄讼来大畜需，咸旅恒丰皆疑似。
晋从观更睽有三，离与中孚家人系。
蹇利西南小过来，解升二卦相为赘。
鼎由巽变渐涣旅，涣自渐来终于是。

周易本义图目

易
图

卦图[①]

河图洛书

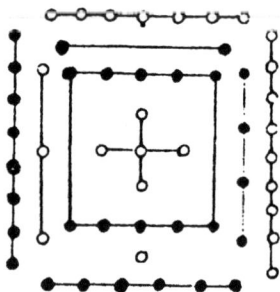 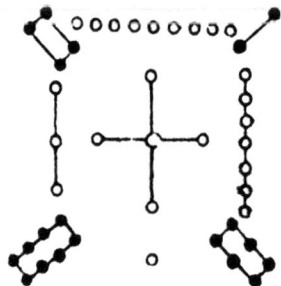

河　图　　　　　　　　　洛　书

右《系辞》传曰："河出图，洛出书，圣人则之。"又曰："天一、地二，天三、地四，天五、地六，天七、地八，天九、地十。天数五，地数五，五位相得而各有合。天数二十有五，地数三十。凡天地之数五十有五，此所以成变化而行鬼神也。"此河图之数也。洛书盖取龟象，故其数戴九履一，左三右七，二四为肩，六八为足。

蔡元定曰：图书之象，自汉孔安国、刘歆，魏关朗子明，又有宋康节先生、邵雍尧夫，皆谓如此。至刘牧始两易其名，而诸家因之，故今复之，悉从其旧。

---

① 图目及本标题为编者所加。

伏羲八卦次序

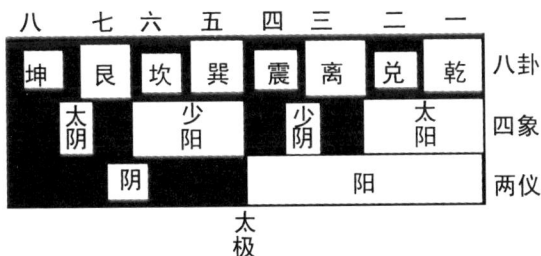

八	七	六	五	四	三	二	一	
坤	艮	坎	巽	震	离	兑	乾	八卦
太阴		少阳		少阴		太阳		四象
阴				阳				两仪
			太极					

右《系辞》传曰："易有太极，是生两仪，两仪生四象，四象生八卦。"邵子曰："一分为二，二分为四，四分为八也。"《说卦》传曰："易，逆数也。"邵子曰："乾一，兑二，离三，震四，巽五，坎六，艮七，坤八。自乾至坤，皆得未生之卦，若逆推四时之比也。后六十四卦次序仿此。

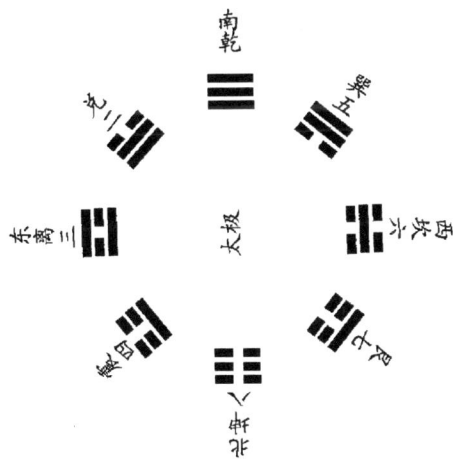

伏羲八卦方位

右《说卦》传曰："天地定位，山泽通气，雷风相薄，水火不相射。八卦相错，数往者顺，知来者逆。"邵子曰："乾南、坤北、离东、坎西、震东北、兑东南、巽西南、艮西北。自震至乾为顺，自巽至坤为逆。后六十四卦方位仿此。"

伏羲六十四卦次序

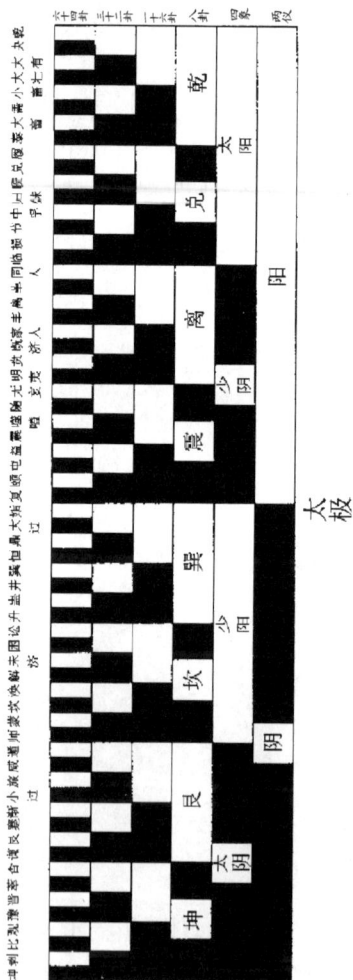

右前八卦次序图，即《系辞》传所谓八卦成列者。此图即其所谓因而重之者也，故下三画即前图之八卦，上三画则各以其序重之，而下卦因亦各衍而为八也。若逐爻渐生，则邵子所谓八分为十六，十六分为三十二，三十二分为六十四者，尤见法象自然之妙也。

伏羲六十四卦方位

　　右伏羲四图，其说皆出邵氏。盖邵氏得之李之才挺之，挺之得之穆修伯长，伯长得之华山希夷先生陈抟图南者，所谓先天之学也。此圆图布者，乾尽午中，坤尽子中，离尽卯中，坎尽酉中。阳生于子中，极于午中；阴生于午中，极于子中。其阳在南，其阴在北。方布者，乾始于西北，坤尽于东南；其阳在北，其阴在南。此二者，阴阳对待之数，圆于外者为阳，方于中者为阴；圆者动而为天，方者静而为地者也。

文王八卦次序

右见《说卦》。

文王八卦方位

右见《说卦》。邵子曰："此文王八卦，乃人用之位，后天之学也。"

卦 变 图

象传或以卦变为说，今作此图以明之。盖《易》中之一义，非尽卦作《易》之本指也。

凡一阴一阳之卦各六，皆从复、姤而来（五阴五阳，卦同图异）。

剥	比	豫	谦	师	复

夬	大有	小畜	履	同人	姤

凡二阴二阳之卦各十有五，皆自临、遁而来（四阴四阳，卦同图异）。

颐	屯	震	明夷	临

蒙	坎	解	升

艮	蹇	小过

晋	萃

观

大过	鼎	巽	讼	遁

革	离	家人	无妄

兑	暌	中孚

需	大畜

大壮

凡三阴三阳之卦各二十，皆自泰、否而来。

损　节　归妹　泰

贲　既济　丰

噬嗑　随

益

蛊　井　恒

未济　困

涣

旅　咸

渐

否

咸　旅　渐　否

困　未济　涣

井　蛊

恒　随　噬嗑　益

既济　贲

丰　节　损

归妹

泰

凡四阴四阳之卦各十有五，皆自大壮、观而来（二阴二阳，图已见前）。

大畜　需　大壮

睽　兑

中孚

离　革

家人

无妄

鼎　大过

巽

讼

遁

䷢ 观

䷢ 晋
䷞ 艮

䷜ 萃
䷦ 蹇
䷽ 小过

䷜ 坎
䷃ 蒙

䷧ 解

䷭ 升

䷂ 屯
䷚ 颐

䷲ 震

䷣ 明夷

䷒ 临

凡五阴五阳之卦各六，皆自夬、剥而来（一阴一阳，图已见前）。

䷍ 大有　䷪ 夬

䷈ 小畜

䷉ 履

䷌ 同人

姤

比　剥

豫

谦

师

复

　右《易》之图九。有天地自然之《易》，有伏羲之《易》，有文王周公之《易》，有孔子之《易》。自伏羲以上，皆无文字，只有图书，最宜深玩，可见作《易》本原，精微之意。文王以下，方有文字，即今之《周易》。然读者亦宜各就本文消息，不可便以孔子之说为文王之说也。

目　　录

周易本义卷二

周易下经

周易本义卷一

周①易②上经③

　　周，代名也。《易》，书名也。其卦本伏羲所画，有交易、变易之义，故谓之“易”。其辞则文王周公所系，故系之“周”。以其简帙重大，故分为上下④两篇。《经》，则伏羲之画，文王周公之辞也。并孔子所作之《传》十篇，凡十二篇。中间颇为诸儒所乱，近世晁氏始正其失，而未能尽合古文。吕氏又更定著为《经》二卷，《传》十卷，乃复孔氏之旧云。

---

① 周，代名也。周，至也，遍也，备也。
② 易，盈只反，此经名也。虞翻注《周易参同契》云：字从日下月。
③ 上经，上者，对下立名。经者，常也，法也，径也，由也。
④ 上下，并如字。王肃：上，音时掌反。

（乾）①

```
═══  乾上
═══  乾下
```

乾②　元亨③，利贞。

六画者，伏羲所画之卦也。"一"者，奇也，阳之数④也。乾者，健也，阳之性也。本注乾字，三画卦之名也。下者，内卦也。上者，外卦也。经文"乾"字，六画卦之名也。伏羲仰观俯察，见阴阳有奇偶之数，故画一奇以象⑤阳，画一偶以象阴。见一阴一阳，有各生一阴一阳之象，故自下而上，再倍而三，以成八卦。见阳之性健，而其成形之大者为天⑥，故三奇之卦名之曰乾，而拟之于天也。三画已具，八卦已成，则又三倍⑦其画，以成六画，而于八卦之上，各加八卦，以成六十四卦也。此卦六画皆奇，上下皆乾，则阳之纯而健之至也，故乾之名，天之象，皆不易焉。"元、亨、利、贞"，文王所系之辞，以断⑧一卦之吉凶，所谓"彖⑨辞"者也。元，大也。亨，通也。利，宜也。贞，正而固也。文王以为乾道大，通而至正，故于筮得此卦，而六爻皆不变者，言其占当⑩得大通，而必利在正固，然后可以保其终也。此圣人所以作《易》教人卜筮，

---

① 乾，竭然反。依字作軋下乙，軋从旦从乙。朄，音偃。《说卦》云：乾，健也。此八纯卦，象天。括号及括号中卦名为编者所加。

② 乾，卦名。

③ 亨，许庚反，卦德也，训通也。余放此。

④ 数色柱反。

⑤ 象，翔丈反。

⑥ 天，或作夫者，非。

⑦ 倍，步罪反。

⑧ 断，丁乱反，下同。

⑨ 彖，吐乱反，断也。断音都乱反。

⑩ 当，如字，下同。

而可以开物成务之精意。余卦放此。

初九　潜①龙②勿用。

初九者，卦下阳爻之名。凡画卦者，自下而上，故以下爻为初。阳数③，九为老，七为少，老变而少不变，故谓阳爻为九。"潜龙勿用"，周公所系之辞，以断④一爻之吉凶，所谓爻辞者也。"潜"，藏⑤也。"龙"，阳物也。初阳在下，未可施用，故其象为"潜龙"，其占曰"勿用"。凡遇乾而此爻变者，当观此象而玩⑥其占也。余爻放此。

九二　见⑦龙在田，利见⑧大人⑨。

二，谓自下而上第二爻也。后放此。九二刚健中正，出潜离隐，泽及于物，物所"利见"，故其象为"见龙在田"，其占为"利见大人"。九二虽未得位，而大人之德已著，常人不足以当之，故值此爻之变者，但为利见此人而已。盖亦谓在下之大人也。此以爻与⑩占者相为主宾，自为一例。若有"见龙"之德，则为"利见"九五在上之"大人"矣。

九三　君子终日乾乾，夕惕⑪若，厉⑫无⑬咎⑭。

---

①　潜，捷盐反。
②　龙，喻阳气及圣人。
③　数，色具反。
④　断，丁乱反，下同。
⑤　藏，如字。
⑥　玩，五乱反。研，玩也。马云：贪也。郑作翫。
⑦　见，贤遍反，示也，注及下"见龙"皆同。
⑧　利见，如字，下皆同。
⑨　大人，王肃云：圣人在位之目。
⑩　与，音预。
⑪　惕，他历反，怵惕也。郑玄云：惧也。《广雅》同。怵，敕律反。
⑫　厉，力世反，危也。
⑬　无，音無。《易》内皆作此字。《说文》云：奇字無也。通于无者，虚无道也。王述说天屈西北为无。
⑭　咎，其久反，《易》内同。

九，阳爻。三，阳位。重①刚不中，居下之上，乃危地也。然性体刚健，有能"乾乾"惕"厉"之象，故其占如此。君子，指占者而言。言能忧惧如是，则虽处危地而"无咎"也。

九四　或跃②在渊，无咎。

"或"者，疑而未定之辞。"跃"者，无所缘而绝于地，特未飞尔。"渊"者，上空下洞，深昧不测之所。龙之在是，若下于田，"或跃"而起，则向乎天矣。九阳四阴，居上之下，改革之际，进退未定之时也。故其象如此。其占能随时进退，则"无咎"也。

九五　飞龙在天，利见大人。

刚健中正，以居尊位，如以圣人之德，居圣人之位，故其象如此，而占法与九二同。特所"利见"者，在上之大人尔。若有其位，则为"利见"九二在下之"大人"也。

上九　亢③龙有悔。

"上"者，最上一爻之名。"亢"者，过于上而不能下之意也。阳极于上，动必"有悔"，故其象占如此。

用九　见群龙无首，吉。

"用九"，言凡筮得阳爻者，皆用九而不用七。盖诸卦百九十二阳爻之通例也。以此卦纯阳而居首，故于此发之。而圣人因系之辞，使遇此卦而六爻皆变者，即此占之。盖六阳皆变，刚而能柔，吉之道也。故为"群龙无首"之象，而其占为如是则吉也。《春秋传》曰：乾之坤，曰"见群龙无首，吉"。盖即纯坤卦辞，"牝马之贞"、"先迷后得"、"东北丧朋"之意。

---

① 重，直龙反，下同。

② 跃，羊灼反。《广雅》云：上也，上音时掌反。

③ 亢，苦浪反。《子夏传》云：极也。《广雅》云：高也。

（坤）

```
☷   坤上
☷   坤下
```

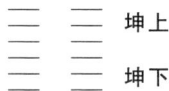

坤① 元亨，利牝②马之贞。君子有攸③往，先迷后得主利。西南得朋，东北丧④朋。安贞吉。

"－－"者，偶也，阴之数也。"坤"者，顺也，阴之性也。注中者，三画卦之名也。《经》中者，六画卦之名也。阴之成形，莫大于地。此卦三画皆偶，故名坤而象地。重之又得坤焉，则是阴之纯，顺之至，故其名与象皆"不易"也。"牝马"，顺而健行者。阳先阴后，阳主义，阴主利。"西南"，阴方。"东北"，阳方。"安"，顺之为也。"贞"，健之守也。遇此卦者，其占为大亨，而利以顺健为正。如有所往，则"先迷后得"而主于利。往西南则"得朋"，往东北则"丧朋"。大抵能安于正则吉也。

初六 履霜⑤。坚冰至。

"六"，阴爻之名。阴数六老而八少，故谓阴爻为六也。"霜"，阴气所结，盛则水冻而为冰。此爻阴始生于下，其端甚微，而其势必盛，故其象如"履霜"，则知"坚冰"之将"至"也。夫阴阳者，造化之本，不能相无；而消长有常，亦非人所能损益也。然阳主生，阴主杀，则其类有淑慝之分⑥焉。故圣人作⑦《易》，于其不能

---

① 坤，本又作巛。巛，今字也，同困魂反。《说卦》云：顺也。八纯卦，象地。

② 牝，频忍反，徐邈扶忍反，又扶死反。

③ 攸，音由，所也。

④ 丧，息浪反。马云：失也。下及注并同。

⑤ 履霜，如字。郑读履为礼。

⑥ 分，符问反，章末注同。

⑦ 作，如字。郑云：起也。马融作"起"。

相无者，既以健顺仁义之属明之，而无所偏主。至其消长之际，淑慝之分，则未尝不致其扶阳抑阴之意焉。盖所以赞化育而参天地者，其旨深矣。不言其占者，谨微之意，已可见于①象中矣。

六二　直方大。不习无不利。

柔顺正固，坤之"直"也。赋形有定，坤之"方"也。德合无疆②，坤之"大"也。六二柔顺而中③正，又得坤道之纯者，故其德内"直"外"方"，而又盛大，不待学习而无不利。占者有其德，则其占如是也。

六三　含章可贞。或从王事，无成有终。

六阴三阳，内含章美，可贞以守。然居下之上，不终含藏。故或时出而从上之事，则始虽"无成"，而后必"有终"。爻有此象，故戒占者有此德，则如此占也。

六四　括④囊⑤。无咎，无誉⑥。

"括囊"，言结囊口而不出也。"誉"者，过实之名。谨密如是，则无咎而亦无誉矣。六四重⑦阴不中，故其象占如此。盖或事当谨密，或时当隐遁⑧也。

六五　黄裳。元吉。

"黄"，中色。"裳"，下饰。六五以阴居尊，中顺之德，充诸内而见于外，故其象如此，而其占为大善之吉也。占者德必如是，则其占亦如是矣。《春秋传》：南蒯将叛，筮得此爻，以为大吉。子服惠伯曰："忠信之事则可，不然必败。外强⑨内温，忠也。和以率

---

① 见，贤遍反。

② 疆，或作壃，同，居良反，下及注同。

③ 中，丁仲反，注同。

④ 括，古活反，结也。《方言》云：闭也。《广雅》云：塞也。闭，必计反。《字林》：兵结反，云：阖也。

⑤ 囊，乃刚反。

⑥ 誉，音余，又音预。

⑦ 重，直龙反。

⑧ 遁，徒困反。

⑨ 强，其良反。

贞，信也。故曰'黄裳元吉'。黄，中之色也；裳，下之饰①也；元，善之长②也。中不忠，不得其色；下不共，不得其饰；事不善，不得其极。且夫《易》不可以占险，三者有阙，筮虽吉，未也。"后蒯果败，此可以见占法矣。

上六　龙战于野。其血玄黄。

阴盛之极，至与阳争③，两败俱伤。其象如此，占者如是，其凶可知。

用六　利永贞。

"用六"，言凡筮得阴爻者，皆用六而不用八，亦通例也。以此卦纯阴而居首，故发之。遇此卦而六爻俱变者，其占如此辞。盖阴柔而不能固守，变而为阳，则能"永贞"矣。故戒占者以"利永贞"，即乾之"利贞"也。自坤而变，故不足于"元亨"云。

---

① 饰，甲职反。本或作饝，俗字。

② 长，张丈反。

③ 争，争斗之争。

（屯）

```
☰☰  坎上
☰☰  震下
```

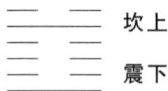

屯①　元亨，利贞。勿用有攸往，利建侯。

震，坎，皆三画卦之名。震一阳动于二阴之下，故其德为动，其象为雷。坎一阳陷于二阴之间，故其德为陷、为险，其象为云、为雨、为水。"屯"，六画卦之名也，难也，物始生而未通之意。故其为字，象草穿地，始出而未申也。其卦以震遇坎，乾坤始交而遇险陷，故其名为屯。震动在下，坎险在上，是能动乎险中。能动虽可以亨，而在险则宜守正而未可遽进。故筮得之者，其占为大亨而利于正，但未可遽有所往耳。又初九阳居阴下，而为成卦之主，是能以贤下②人，得民而可君之象。故筮立君者，遇之则吉也。

初九　磐③桓④。利居贞，利建侯。

"磐桓"，难进之貌。屯难⑤之初，以阳在下，又居动体，而上应阴柔险陷之爻，故有"磐桓"之象。然居得其正，故其占利于"居贞"。又本成卦之主，以阳下阴，为民所归，侯之象也，故其象又如此。而占者如是，则利建以为侯也。

---

① 屯，张伦反，难也，盈也。坎宫二世卦。
② 下，遐嫁反，后同。
③ 磐，本亦作盘，又作槃，步干反。
④ 桓，马云：槃桓，旋也。
⑤ 难，乃旦反。

六二　屯如①邅②如，乘③马班④如，匪寇婚媾⑤。女子贞不字，十年乃字。

"班"，分布不进之貌。"字"，许嫁也。《礼》曰："女子许嫁，笄而字。"六二阴柔中正，有应于上，而乘初刚，故为所难，而邅回不进。然初非为寇也，乃求与己为婚媾耳。但己守正，故不之许，至于十年，数穷理极，则妄求者去，正应者合，而可许矣。爻有此象，故因以戒占者。

六三　即鹿⑥无虞。惟入于林中，君子几⑦不如舍⑧往吝⑨。

阴柔居下，不中不正，上无正应，妄行取困，为逐鹿无虞，陷入林中之象。君子见几，不如舍去。若往逐而不舍，必致羞吝。戒占者宜如是也。

六四　乘马班如，求婚媾。往吉，无不利。

阴柔居屯，不能上进，故为"乘马班如"之象。然初九守正居下，以应于己，故其占为下，求婚媾则吉也。

九五　屯其膏。小贞吉，大贞凶。

九五虽以阳刚中正居尊位，然当屯之时，陷于险中，虽有六二正应，而阴柔才弱，不足以济。初九得民于下，众皆归之。九五坎体，有膏润而不得施，为"屯其膏"之象。占者以处小事，则守正

---

①　如，《子夏传》云：如，辞也。

②　邅，张连反。马云：难行不进之貌。

③　乘，绳证反，四马曰乘，下及注并同。郑云：马牡牡曰乘。《子夏传》：音绳。

④　班，如字。《子夏传》云：相牵不进貌。郑本作般。

⑤　媾，古后反。马云：重婚，本作冓。郑云：犹会，本或作搆者，非。

⑥　鹿，王肃作麓，云：山足。

⑦　几，徐：音祈，辞也，注同。又音机，近也，速也。郑作机，云：弩牙也。

⑧　舍，式夜反，又力慎反。马云：恨也。

⑨　吝，力刃反，又力慎反。马云：恨也。

犹①可获吉；以处大事，则虽守正而不免于凶。

上六　乘马班如，泣血涟②如。

阴柔无应，处屯之终，进无所之，忧惧而已，故其象如此。

①　犹，以救反。
②　涟，音连。《说文》云：泣下也。

（蒙）①

```
☶ 艮上
☵ 坎下
```

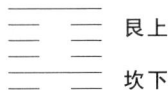

蒙　亨。匪我求童②蒙，童蒙求我。初筮③告④。再三⑤渎⑥，渎则不告。利贞。

艮，亦三画卦之名。一阳止于二阴之上，故其德为止，其象为山。蒙，昧也。物生之初，蒙昧未明也。其卦以坎遇艮。山下有险，蒙之地也；内险外止，蒙之意也。故其名为蒙。"亨"以下，占辞也。九二内卦之主，以刚居中，能发人之蒙者，而与六五阴阳相应⑦，故遇此卦者有亨道也。"我"，二也；"童蒙"，幼稚而蒙昧，谓五也。筮者明，则人当求我而其亨在人；筮者暗，则我当求人而亨在我。人求我者，当视其可否，而应之；我求人者，当致其精一而扣之。而明者之养蒙，与蒙者之自养，又皆利于以正也。

初六　发蒙。利用刑人，用说⑧桎⑨梏⑩，以往吝。

---

① 蒙，莫公反。蒙，蒙也，稚也。《稽览图》云：无以教天下曰蒙。《方言》云：蒙，萌也。离宫四世卦。

② 童，如字，《字书》作僮。郑云：未冠之称。之称，尺证反。《广雅》云：痴也。

③ 筮，市制反，决也。郑云：问。

④ 告，古毒反，示也，语也。

⑤ 三，息暂反，又如字。

⑥ 渎，音独，乱也。郑云：亵也。

⑦ 应，应对之应。《易》内不出者，并同。

⑧ 说，吐活反，注同。徐：又音税。

⑨ 桎，音质。

⑩ 梏，古毒反。在足曰桎，在手曰梏。《广雅》云：杻谓之梏，械谓之桎。杻音丑。械，户戒反。桎，章实反。

以阴居下，蒙之甚也。占者遇此，当发其蒙。然发之之道，当痛惩而暂舍之，以观其后。若遂往而不舍，则致羞吝矣。戒占者当如是也。

九二　包蒙，吉。纳妇吉，子克家。

九二以阳刚为内卦之主，统治群阴，当“发蒙”之任者。然所治既广，物性不齐①，不可一概取必。而爻之德刚而不过，为能有所包容之象。又以阳受阴，为“纳妇”之象。又居下位而能任上事，为“子克家”之象。故占者有其德而当②其事，则如是而“吉”也。

六三　勿用取③女，见金夫。不有躬，无攸利。

六三阴柔，不中不正，女之“见金夫”而不能有其身之象也。占者遇之，则其取女必得如是之人，无所利矣。“金夫”，盖以金赂己而挑之，若鲁秋胡之为者。

六四　困蒙。吝。

既远于阳，又无正应，为困于蒙之象。占者如是，可羞吝也。能求刚明之德而亲近之，则可免矣。

六五　童蒙。吉。

柔中居尊，下应九二，纯一未发，以听于人，故其象为“童蒙”，而其占为如是则吉也。

上九　击④蒙。不利为寇，利御寇。

以刚居上，治蒙过刚，故为“击蒙”之象。然取必太过，攻治太深，则必反为⑤之害。惟捍其外诱，以全其真纯，则虽过于严密，乃为得宜。故戒占者如此。凡事皆然，不止为诲⑥人也。

---

① 齐，才细反，又如字。

② 当，都浪反。《易》内皆同，有异者别出。

③ 取，七住反，本又作娶，下及注同。

④ 击，经历反。王肃云：治也。马、郑作系。

⑤ 为，于伪反，又如字。

⑥ 诲，如字。教也。虞作悔，谓悔恨。

（需）

```
☵  坎上
☰  乾下
```

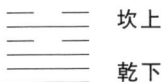

需① 有孚②。光③亨，贞吉。利涉大川。

"需"，待也。以乾遇坎，乾健坎险，以刚遇险，而不遽进以陷于险，待之义也。"孚"，信之在中者也。其卦九五以坎体中实，阳刚中正，而居尊位，为有孚得正之象。坎水在前，乾健临之，将涉水而不轻进之象。故占者为有所待而能有信，则"光亨"矣。若又得正则吉，而"利涉大川"。正固无所不利，而涉川尤贵于能待，则不欲速而犯难也。

初九 需于郊。利用恒，无咎。

"郊"，旷远之地，未近于险之象也。而初九阳刚，又有能恒于其所之象，故戒占者能如是则"无咎"也。

九二 需于沙④。小有言，终吉。

"沙"，则近于险矣。言语之伤，亦灾害之小者，渐进近坎，故有此象。刚中能需，故得"终吉"。戒占者当如是也。

九三 需于泥。致寇⑤至。

"泥"，将陷于险矣。"寇"，则害之大者。九三去险愈近而过刚不中，故其象如此。

六四 需于血。出自穴。

"血"者，杀伤之地。"穴"者，险陷之所。四交坎体，入乎险

---

① 需，音须。字从雨重而者，非饮食之道也，训养。郑读为秀，解云：阳气秀而不直前者，畏上坎也。坤宫游魂卦。

② 孚，徐：音敷，信也。又作萼。

③ 光，师读绝句。

④ 沙，如字。郑作沚。

⑤ 寇，如字。郑、王肃本作戎。

矣，故为"需于血"之象。然柔得其正，需而不进，故又为"出自穴"之象。占者如是，则虽在伤地而终得出也。

　　九五　需于酒食。贞吉。

　　"酒食"，宴①乐②之具，言安以待之。九五阳刚中正，需于善位，故有此象。占者如是而贞固，则得吉也。

　　上六　入于穴。有不速③之客三人来，敬之终吉。

　　阴居险极，无复有需，有陷而入穴之象。下应九三，九三与下二阳需极并进，为"不速客三人"之象。柔不能御④而能顺之，有"敬之"之象。占者当陷险中，然于非意之来，敬以待之，则得"终吉"也。

---

　　①　宴，乌练反。徐乌殄反，安也，下同。郑云：享，宴也。李轨乌衍反。

　　②　乐，音洛，注同。

　　③　速，如字。马云：召也。《释诂》云：疾也。《释言》云：征也，召也。

　　④　御，鱼吕反，本又作卫。

（讼）

```
═════════  乾上
══ ══
══ ══   坎下
══ ══
```

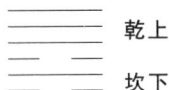

讼①　有孚窒②，惕③中④吉⑤，终凶。利见大人，不利涉大川。

　　"讼"，争辨也。上乾下坎，乾刚坎险。上刚以制其下，下险以伺其上。又为内险而外健，又为己险而彼健，皆讼之道也。九二中实，上无应与，又为加忧。且于卦变自遯而来，为刚来居二而当下卦之中，"有孚"而见"窒"，能惧而得中之象。上九过刚居讼之极，有终极其讼之象。九五刚健中正以居尊位，有"大人"之象。以刚乘险，以实履陷，有"不利涉大川"之象。故戒占者必有争辨之事，而随其所处为吉凶也。

　　初六　不永所事。小有言，终吉。

　　阴柔居下，不能终讼，故其象占如此。

　　九二　不克讼，归而逋⑥。其邑人三百户，无眚。

　　九二阳刚为险之主，本欲讼者也。然以刚居柔，得下之中，而上应九五，阳刚居尊，势不可敌，故其象占如此。"邑人三百户"，邑之小者，言自处卑约以免灾患。占者如是，则"无眚⑦"矣。

　　六三　食旧德贞。厉终吉。或从王事，无成。

---

①　讼，才用反，争也，言之于公也。郑云：辩财曰讼。离宫游魂卦。

②　窒，张栗反。徐得悉反，又得失反。马作咥，云：读为踬，犹止也。郑云：咥，觉悔貌。

③　惕，汤历反。王注或在惕字上，或在下，皆通。

④　如字。马丁：丁仲反。

⑤　"有孚窒"一句，"惕中吉"一句。

⑥　逋，补吴反。徐方吴反。

⑦　眚，生领反。王廙云：病也。

"食"，犹食邑之食，言所享也。六三阴柔，非能讼者，故守旧居正，则虽危而终吉。然或出而从上之事，则亦必无成功。占者守常而不出，则善也。

九四　不克讼，复^①即命。渝^②，安贞，吉。

"即"，就也。"命"，正理也。"渝"，变也。九四刚而不中，故有讼象，以其居柔，故又为"不克"而复^③就正理。渝变其心，安处于正之象。占者如是则"吉"也。

九五　讼，元吉。

阳刚中正，以居尊位，听讼而得其平者也。占者遇之，讼而有理，必获伸矣。

上九　或锡^④之鞶^⑤带，终朝^⑥三^⑦褫^⑧之。

"鞶带"，命服之饰。"褫"，夺也。以刚居讼极，终讼而能胜^⑨之，故有锡命受服之象。然以讼得之，岂能安久？故又有"终朝三褫^⑩"之象。其占为终讼无理，而或取胜，然其所得终必失之，圣人为戒之意深矣。

---

① 复，音服，后同者更不音。
② 渝，以朱反，变也。马同。郑云：然也。
③ 复，扶又反。
④ 锡，星历反，又星自反，赐也。
⑤ 鞶，步干反。马云：大也。徐云：王肃作槃。
⑥ 终朝，马云：旦至食时为终朝。
⑦ 三，息暂反，注同。或如字。
⑧ 褫，徐：敕纸反，又直是反。本又作褫，音同。王肃云：解也。郑本作拕，徒何反。
⑨ 胜，升证反，又音升，注同。
⑩ 褫，敕纸反，又直纸反。

（师）

```
☱ ☱  坤上
☱ ☱  坎下
```

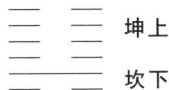

师^①　贞，丈人吉，无咎。

"师"，兵众也。下坎上坤，坎险坤顺，坎水坤地。古者寓兵于农，伏至险于大顺，藏不测于至静之中。又卦惟九二一阳居下卦之中，为将之象。上下五阴顺而从之，为众之象。九二以刚居下而用事，六五以柔居上而任之，为人君命将出师之象，故其卦之名曰师。"丈人"，长老之称^②。用师之道，利于得正，而任老成之人，乃得"吉"而"无咎"。戒占者亦必如是也。

初六　师出以律，否臧^③凶。

"律"，法也。"否臧"，谓不善也。晁氏曰："否"字先儒多作"不"。是也。在卦之初，为师之始。出师之道，当谨其始。以律则吉，不臧则凶。戒占者当谨始而守法也。

九二　在师中，吉无咎。王三锡^④命。

九二在下，为众阴所归，而有刚中之德。上应于五，而为所宠任，故其象占如此。

六三　师或舆尸，凶。

"舆尸"，谓师徒挠^⑤败，舆尸而归也。以阴居阳，才弱志刚不中不正，而犯非其分^⑥，故其象占如此。

六四　师左次，无咎。

---

① 师，《彖》云：众也。马云：二千五百人为师。坎宫归魂卦。

② 称，尺证反。

③ 臧，作郎反，善也。

④ 锡，星历反。徐：音赐。郑本作赐。

⑤ 挠，徐：乃饱反。王肃：乃教反，又呼劳反。

⑥ 分，扶问反。

"左次"，谓退舍也。阴柔不中，而居阴得正，故其象如此。全师以退，贤于六三远矣，故其占如此。

六五　田有禽①，利执言，无咎。长②子帅师，弟子舆尸，贞凶。

六五用师之主，柔顺而中，不为兵端者也。敌加于己，不得已而应之，故为"田有禽"之象，而其占利以搏执而无咎也。"言"，语辞也。"长子"，九二也。"弟子"，三四也。又戒占者专于委任，若使君子任事，而又使小人参之，则是使之"舆尸"而归，故虽"贞"而亦不免于"凶"也。

上六　大君有命，开国承家，小人勿用。

师之终，顺之极，论功行赏之时也。坤为土，故有"开国承家"之象。然小人则虽有功，亦不可使之得有爵上，但优以金帛可也。戒行赏之人，于小人则不可用此占。而小人遇之，亦不得用此爻也。

---

① 禽，徐本作擒。

② 长，丁丈反，注及下同。

（比）

```
坎上
坤下
```

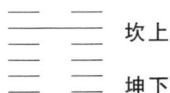

比① 吉。原筮，元永贞，无咎。不宁方来，后夫凶。

比，亲辅也。九五以阳刚居上之中，而得其正。上下五阴，比而从之，以一人而抚万邦，以四海而仰一人之象。故筮者得之，则当为人所亲辅。然必再筮以自审，有元善长永正固之德，然后可以当众之归而"无咎"。其未比而有所不安者，亦将皆来归之。若又迟而后至，则此交已固，彼来已晚，而得"凶"矣。若欲比人，则亦以是而反观之耳。

初六 有孚比之，无咎。有孚盈缶②，终来有它③吉。

比之初贵乎有信，则可以"无咎"矣。若其充实，则又"有它吉"也。

六二 比之自内，贞吉。

柔顺中正，上应九五，自内比外，而得其正，吉之道也。占者如是，则正而吉矣。

六三 比之匪④人。

阴柔不中正，承、乘、应皆阴，所比⑤皆非其人之象，其占大凶，不言可知。

六四 外比之，贞吉。

---

① 比，毗志反，卦内并同。《象》云：辅也。《序卦》云：比，比也。《子夏传》云：地得水而柔，水得地而流，故曰比。徐：又补履反。坤宫归魂卦。

② 缶，方有反，瓦器也。郑云：汲器也。《尔雅》云：盎谓之缶。

③ 它，敕多反，本亦作他。

④ 匪，非鬼反。马云：匪，非也。王肃本作"匪人凶"。

⑤ 比，毗志反。

以柔居柔，外比九五，为得其正，吉之道也。占者如是，则正而吉矣。

九五　显比。王用三驱^①，失前禽。邑人不诫，吉。

一阳居尊，刚健中正，卦之群阴，皆来比己，显其比而无私，如天子不合围，开一面之网，来者不拒，去者不追，故为“用三驱失前禽”，而“邑人不诫”之象。盖虽私属亦喻上意，不相警备以求必得也。凡此皆吉之道，占者如是则吉也。

上六　比之无首，凶。

阴柔居上，无以比^②下，凶之道也。故为“无首”之象，而其占则凶也。

---

① 驱，匡愚反。徐云：郑作驱。马云：三驱者，一曰干豆，二曰宾客，三曰君庖。

② 比，毗志反。

（小畜）

≡≡≡≡ 巽上
≡≡≡≡ 乾下

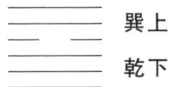

小畜① 亨。密云不雨，自我西郊。

巽，亦三画卦之名。一阴伏于二阳之下，故其德为巽为入，其象为风为木。"小"，阴也。"畜"，止之之义也。上巽下乾，以阴畜阳。又卦惟六四一阴，上下五阳皆为所畜，故为小畜。又以阴畜阳，能系而不能固，亦为所畜者小之象。内健外巽，二五皆阳，各居一卦之中而用事，有刚而能中其志得行之象，故其占当得亨通。然畜未极而施②未行，故有"密云不雨自我西郊"之象。盖"密云"阴物，"西郊"阴方。"我"者，文王自我也。文王演《易》于羑里，视岐周为西方，正小畜之时也。筮者得之，则占亦如其象云。

初九 复③自道。何其咎，吉。

下卦乾体，本皆在上之物，志欲上④进，而为阴所畜。然初九体乾，居下得正，前远于阴，虽与四为正应，而能自守以正，不为所畜，故有进复自道之象。占者如是，则无咎而"吉"也。

九二 牵复，吉。

三阳志同，而九二渐近⑤于阴。以其刚中，故能与⑥初九牵连而复，亦吉道也。占者如是则吉矣。

----

① 畜，本又作蓄，同，敕六反，积也，聚也。卦内皆同。郑许六反，养也。巽宫一世卦。

② 施，始豉反，注皆同。

③ 复，扶又反，九二注同。

④ 欲上，时掌反。

⑤ 近，附近之近。

⑥ 与，音预，下及注同。

九三　舆①说②辐③。夫妻反目。

九三亦欲上进，然刚而不中，迫近于阴，而又非正应。但以阴阳相说，而为所系畜，不能自进，故有"舆说辐"之象。然以志刚，故又不能平而与之争，故又为"夫妻反目"之象。戒占者如是则不得进而有所争也。

六四　有孚，血去惕出。无咎。

以一阴畜④阳众，本有伤害忧惧，以其柔顺得正，虚中巽体，二阳助之，是"有孚"而"血去惕出"之象也。"无咎"宜矣。故戒占者亦有其德则无咎也。

九五　有孚挛⑤如，富以其邻。

巽体三爻，同力畜乾，"邻"之象也。而九五居中处尊，势能有为⑥，以兼乎上下，故为"有孚挛如"，用富厚之力而"以其邻"之象。"以"，犹《春秋》"以某师"之"以"，言能左右之也。占者"有孚"，则能如是也。

上九　既雨既处，尚德载。妇贞厉，月几⑦望，君子征凶。

畜极而成，阴阳和矣，故为"既雨既处"之象。盖尊尚阴德，至于积满而然也。阴加于阳，故虽正亦厉。然阴既盛而抗阳，则君子亦不可以有行矣。其占如此，为戒深矣。

---

① 舆，音余。

② 说，音悦，下及注同。

③ 辐，音福，本亦作輹，音服。马云：车下缚也。郑云：伏菟。

④ 畜，敕六反，聚也。王肃：许六反，养也。

⑤ 挛，力专反。马云：连也。徐：又力转反。《子夏传》作恋，云：思也。

⑥ 为，于伪反。

⑦ 几，徐：音祈，又音机，注同。《子夏传》作近。

（履）

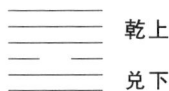

乾上
兑下

履①虎尾，不咥②人，亨。

兑，亦三画卦之名。一阴见于二阳之上，故其德为说，其象为泽。"履"，有所蹑而进之义也。以兑遇乾，和说以蹑刚强之后，有"履虎尾"而不见伤之象，故其卦为履，而占如是也。人能如是，则处危而不伤矣。

初九　素履。往无咎。

以阳在下，居履之初，未为物迁，率其"素履"者也。占者如是，则"往"而"无咎"也。

九二　履道坦坦③。幽人贞吉。

刚中在下，无应于上，故为履道平坦④，幽独守贞之象。幽人履道而遇其占，则贞而吉矣。

六三　眇能视，跛⑤能履。履虎尾，咥人凶。武人为于大君。

六三不中不正，柔而志刚，以此履乾，必见伤害，故其象如此，而占者凶。又为刚武之人，得志而肆暴之象，如秦政、项籍，岂能久也？

---

① 履，利耻反，礼也。艮宫五世卦。

② 咥，直结反，啮也。马云：龁。

③ 坦坦，吐但反。《说文》云：安也。《广雅》云：平也，明也。《苍颉篇》云：著也。

④ 坦，吐但反。

⑤ 跛，波我反，足跛也。依字作碆。

九四　履虎尾。愬愬①终吉。

九四亦以不中不正，履九五之刚，然以刚居柔，故能戒惧而得"终吉"。

九五　夬②履。贞厉。

九五以刚中正履帝位，而下以兑说③应之，凡事必行，无所疑碍，故其象为夬④决其履。虽使得正，亦危道也。故其占为虽正而危，为戒深矣。

上九　视履考祥⑤。其旋元吉。

"视履"之终，以考其祥，周旋无亏，则得"元吉"。占者祸福，视其所履而未定也。

---

① 愬愬，山革反。《子夏传》云：恐惧貌。何休注《公羊传》云：惊愕也。马本作虩，虩音许逆反，云：恐惧也。《说文》同。《广雅》云：惧也。

② 夬，古快反。

③ 说，音悦，卦内并同。

④ 夬，徐：古穴反。

⑤ 祥，本亦作详。

（泰）

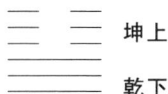

坤上
乾下

泰[①]　小往大来。吉，亨。

“泰”，通也。为卦天地交而二气通，故为泰，正月之卦也。“小”，谓阴。“大”，谓阳。言坤往居外，乾来居内。又自归妹来，则六往居四，九来居三也。占者有刚阳之德，则“吉”而“亨”矣。

初九　拔[②]茅[③]茹[④]，以其汇[⑤]。征吉。

三阴在下，相连而进，“拔茅”连“茹”之象，征行之吉也。占者阳刚，则其“征吉”矣。郭璞《洞林》读至汇字绝句。下卦放此。

九二　包荒[⑥]。用冯[⑦]河，不遐遗。朋亡，得尚于中行。

九二以刚居柔，在下之中，上有六五之应，主乎泰而得中道者也。占者能包容荒秽[⑧]，而果断刚决，不遗遐远，而不昵朋比[⑨]，则

---

① 泰，如字，大通也。郑云：通也。马云：大也。坤宫三世卦。

② 拔，蒲八反。

③ 茅，卯交反。郑音苗。

④ 茹，汝据反，牵引也。邹湛同。王肃音如。

⑤ 汇，音胃，类也。李：于鬼反。傅氏注云：汇，古伟字，美也。古文作茑，董作奞，出也。郑云：勤也。

⑥ 荒，本亦作巟，音同。郑注《礼》云：秽也。《说文》：水广也，又大也。郑读为康，云：虚也。

⑦ 冯，音凭，注同。

⑧ 秽，于废反。

⑨ 比，毗志反，下同。

合乎此爻中行之道矣。

九三　无平不陂^①，无往不复，艰贞无咎。勿恤其孚，于食有福。

将过乎中，泰将极而否欲来之时也。"恤"，忧也。"孚"，所期^②之信也。戒占者艰难守贞，则"无咎"而"有福"。

六四　翩翩。不富以其邻，不戒以孚。

已过乎中，泰已极矣，故三阴翩然而下复，不待富而其类从之，不待戒令而信也。其占为有小人合交以害正道，君子所当^③戒也。阴虚阳实，故凡言不富者，皆阴爻也。

六五　帝乙归妹，以祉^④元吉。

以阴居尊，为泰之主，柔中虚己，下应九二，吉之道也。而"帝乙归妹"之时，亦尝占得此爻。占者如是，则有祉而"元吉"矣。凡《经》以古人为言，如"高宗"、"箕子"之类者，皆放此。

上六　城复于隍^⑤。勿用师，自邑告命，贞吝。

泰极而否，"城复于隍"之象。戒占者不可力争，但可自守。虽得其贞，亦不免于羞吝也。

---

① 陂，彼伪反。徐甫寄反，倾也，注同。又破何反，偏也。
② 期，本又作朞，音朞，同。
③ 当，如字。
④ 祉，音耻，一音敕子反，又音止。
⑤ 隍，音皇，城堑也。子夏作堭。姚作湟。

（否）

```
═══════  乾上
══ ══
══ ══  坤下
```

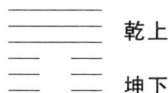

否①之匪人，不利君子贞，大往小来。

“否”，闭塞也，七月之卦也。正与泰反，故曰“匪人”，谓非人道也。其占不利于君子之正道，盖乾往居外，坤来居内。又自渐卦而来，则九往居四，六来居三也。或疑“之匪人”三字衍文，由《比·六三》而误也。《传》不特解其义，亦可见。

初六　拔茅茹，以其汇。贞吉，亨。

三阴在下，当否之时，小人连类而进之象，而初之恶则未形也。故戒其“贞”则“吉”而“亨”。盖能如是，则变而为君子矣。

六二　包承。小人吉，大人否亨②。

阴柔而中正，小人而能包容、承顺乎君子之象，小人之吉道也。故占者小人如是则吉，大人则当安守其否，而后道亨。盖不可以彼“包承”于我，而自失其守也。

六三　包羞。

以阴居阳而不中正，小人志于伤善而未能也，故为“包羞”之象。然以其未发，故无凶咎之戒。

九四　有命无咎。畴③离祉。

否过中矣，将济之时也。九四以阳居阴，不极其刚，故其占为“有命无咎”。而“畴”类三阳，皆获其福也。“命”，谓天命。

---

① 否，备鄙反。卦内同。闭也，塞也。乾宫三世卦。

② 亨，许庚反。

③ 畴，直留反。

九五　休^①否。大人吉。其亡其亡，系于苞^②桑。

阳刚中正，以居尊位，能休时之否，大人之事也。故此爻之占，大人遇之则吉，然又当戒惧，如《系辞传》所云也。

上九　倾否。先否后喜。

以阳刚居否极，能倾时之否者也。其占为"先否后喜"。

------

① 休，虚虬反，美也。又许求反，息也，注同。

② 苞，本又作包，必交反。下卦同，音薄交反。

（同人）

乾上
离下

同人^①于野，亨。利涉大川，利君子贞。

离^②，亦三画卦之名。一阴丽于二阳之间，故其德为丽，为文明，其象为火，为日，为电。同人，与人同也。以离遇乾，火上同于天。六二得位得中，而上应九五。又卦惟一阴，而五阳同与之，故为同人。"于野"，谓旷远而无私也，有亨道矣。以健而行，故能涉川。为卦内文明而外刚健，六二中正而有应，则君子之道也。占者能如是则"亨"，而又可涉险，然必其所同合于君子之道，乃为"利"也。

初九　同人于门。无咎。

同人之初，未有私主，以刚在下，上无系应，可以"无咎"，故其象占如此。

六二　同人于宗。吝。

"宗"，党也。六二虽中且正，然有应于上，不能大同而系于私，吝之道也。故其象占如此。

九三　伏戎于莽^③。升其高陵，三岁不兴。

刚而不中，上无正应，欲同于二而非其正，惧九五之见攻，故有此象。

九四　乘其墉^④。弗克攻，吉。

刚不中正，又无应与，亦欲同于六二，而为三所隔，故为乘墉

---

① 同人，和同也。离宫归魂卦。

② 离，力智反。

③ 莽，莫荡反。王肃：冥党反。郑云：丛木也。

④ 墉，徐：音容。郑作庸。

以攻之象。

然以刚居柔，故有自反而不克攻之象。占者如是，则是能改过而得吉也。

九五　同人先号①咷②而后笑，大师克相遇。

五刚中正，二以柔中正相应于下，同心者也。而为三四所隔，不得其同。然义理所同，物不得而间之，故有此象。然六二柔弱，而三四刚强，故必用"大师"以胜之，然后得"相遇"也。

上九　同人于郊，无悔。

居外无应，物莫与同，然亦可以无悔，故其象占如此。郊在野之内，未至于旷远，但荒僻无与同耳。

---

①　号，户羔反。

②　咷，道刀反。号咷，啼呼也。

（大有）

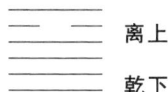

离上
乾下

大有①　元亨。

"大有"，所有之大也。离居乾上，火在天上，无所不照。又六五一阴居尊得中，而五阳应之，故为大有。乾健离明，居尊应天，有亨之道。占者有其德，则大善而亨也。

初九　无交害。匪咎，艰则无咎。

虽当大有之时，然以阳居下，上无系应，而在事初，未涉乎"害"者也，何咎之有？然亦必艰以处之则无咎，戒占者宜如是也。

九二　大车②以载。有攸往，无咎。

刚中在下，得应乎上，为大车以载之象。有所往而如是，可"无咎"矣。占者必有此德，乃应其占也。

九三　公用亨③于天子。小人弗克。

"亨"，《春秋传》作"享"，谓朝献也。古者"亨通"之"亨"，"不享献"之"享"，"烹饪"之"烹"，皆作"亨"字。九三居下之上，公侯之象。刚而得正，上有六五之君，虚中下贤，故为"享于天子"之象。占者有其德，则其占如是。小人无刚正之德，则虽得此爻，不能当也。

九四　匪其彭④。无咎。

"彭"字音义未详，《程传》曰"盛貌"，理或当然。六五柔中

---

① 大有，包容丰富之象。乾宫归魂卦。

② 大车，王肃：刚除反。蜀才作舆。

③ 亨，许庚反，通也，下同。众家并香两反。京云：献也。干云：亨，宴也。姚云：享，祀也。

④ 彭，步郎反，子夏作旁。干云：彭，骄满貌。王肃云：壮也。虞作尪。姚云：彭、旁，徐：音同。

之君，九四以刚近之，有僭逼之嫌。然以其处柔也，故有不极其盛之象，而得"无咎"。戒占者宜如是也。

　　六五　厥孚交如。威如，吉。

　　大有之世，柔顺而中，以处尊位，虚己以应九二之贤，而上下归之，是其孚信之交也。然君道贵刚，太柔则废，当以威济之则吉。故其象占如此，亦戒辞也。

　　上九　自天祐①之。吉无不利。

　　大有之世，以刚居上，而能下从六五，是能履信思顺而尚贤也。满而不溢，故其占如此。

---

　　①　祐，音又。

（谦）

```
☰ ☰  坤上
☰ ☰  艮下
```

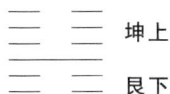

谦① 亨，君子有终。

谦者，有而不居之义。止乎内而顺乎外，谦之意也。山至高而地至卑，乃屈而止于其下，谦之象也。占者如是，则亨通而有终矣。"有终"谓先屈而后伸也。

初六 谦谦君子。用涉大川，吉。

以柔处下，谦之至也，君子之行也。以此涉难②，何往不济？故占者如是，则利以涉川也。

六二 鸣谦。贞吉。

柔顺中正，以谦有闻，正而且吉者也，故其占如此。

九三 劳谦。君子有终，吉。

卦惟一阳，居下之上，刚而得正，上下所归，有功劳而能谦，尤人所难，故"有终"而"吉"。占者如是，则如其应矣。

六四 无不利，撝③谦。

柔而得正，上而能下，其占"无不利"矣。然居九三之上，故戒以更当发挥④其谦，以示不敢自安之意也。

六五 不富以其邻。利用侵⑤伐，无不利。

---

① 谦，卑退为义，屈己下物也。兑宫五世卦。《子夏》作嗛，云：嗛，谦也。

② 难，乃旦反。

③ 撝，毁皮反，指撝也，义与麾同。《书》云："右秉白旄以麾"是也。马云：撝犹离也。郑读为宣。

④ 挥，音辉。《广雅》云：动也。王肃云：散也。本亦作辉，义取光辉。

⑤ 侵，王廙作寝。

以柔居尊，在上而能谦者也。故为不富而能以其邻之象，盖从之者众矣。犹有未服者，则利以征之，而于他事亦无不利。人有是德，则如其占也。

上六　鸣谦。利用行师，征邑国。

谦极有闻，人之所与，故可"用行师"。然以其质柔而无位，故可以"征"己之"邑国"而已。

（豫）

```
☲ ☲  震上
☲ ☲  坤下
```

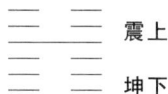

豫^①　利建侯行师。

"豫"，和乐^②也。人心和乐，以应其上也。九四一阳，上下应之。其志得行，又以坤遇震为顺以动，故其卦为豫，而其占利以立君用师也。

初六　鸣豫。凶。

阴柔小人，上有强援，得时主事，故不胜其^③豫而以自鸣，凶之道也，故其占如此。卦之得名，本为和乐。然卦辞为众乐之义，爻辞除九四与卦同外，皆为自乐，所以有吉凶之异。

六二　介于^④石。不终日，贞吉。

豫虽主乐，然易^⑤以溺人，溺则反而忧矣。卦独此爻中而得正，是上下皆溺于豫，而独能以中正自守，其介如石也。其德安静而坚确，故其思虑明审，不俟终日，而见凡事之几微也。《大学》曰：安而后能虑，虑而后能得，意正如此。占者如是，则正而吉矣。

六三　盱^⑥豫悔。迟有悔。

---

① 豫，余虑反，悦豫也，备豫也。马云：豫，乐。震宫一世卦。

② 乐，音洛，注同。

③ 胜其，音升。

④ 介于，音界，纤介，古文作砎。郑古八反，云：谓磨砎也。马作扴，云：触小石声。纤，息廉反。

⑤ 易，以豉反。韩音亦，谓变易。

⑥ 盱，香于反，睢盱也。向云：睢盱，小人喜悦之貌。王肃云：盱，大也。郑云：夸也。《说文》云：张目也。《字林》火孤反，又火于反。子夏作纡。京作汙。姚作盱，云：日始出。引《诗》"盱日始旦"。

"盱",上视也。阴不中正,而近于四。四为卦主,故六三上视于四,而下溺于豫,宜有悔者也。故其象如此,而其占为事当速悔。若悔之迟,则必有悔也。

九四　由豫①。大有得,勿疑,朋盍②簪③。

九四,卦之所由以为豫者也。故其象如此,而其占为"大有得"。然又当至诚不疑,则朋类合而从之矣,故又因而戒之。"簪",聚也,又速也。

六五　贞疾。恒不死。

当豫之时,以柔居尊,沈溺于豫。又乘九四之刚,众不附而处势危,故为"贞疾"之象。然以其得中,故又为"恒不死"之象。即象而观,占在其中矣。

上六　冥④豫。成有渝⑤,无咎。

以阴柔居豫极,为昏冥于豫之象。以其动体,故又为其事虽"成",而能"有渝"之象。戒占者如是,则能补过而无咎,所以广迁善之门也。

---

①　由豫,由,从也。郑云:用也。马作犹,云:犹豫,疑也。

②　盍,胡腊反,合也。

③　簪,徐:侧林反。《子夏传》同,疾也。郑云:速也。《埤苍》同。王肃又祖感反。古文作贷。京作攒。马作臧。荀作宗。虞作戠,戠,丛合也。蜀才本依京义从郑。

④　冥,觅经反。马云:冥昧耽于乐也。王廙云:深也。又亡定反。郑读为鸣。

⑤　渝,羊朱反。

（随）

```
═══  ═══   兑上
═══  ═══
═══        震下
```

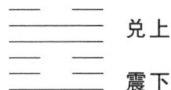

随[①]　元亨，利贞，无咎。

"随"，从也。以卦变言之，本自困卦九来居初，又自噬嗑九来居五。而自未济来者，兼此二变，皆刚来随柔之义。以二体言之，为此动而彼说，亦随之义，故为随。己能随物，物来随己，彼此相从，其通易矣，故其占为"元亨"。然必利于贞，乃得"无咎"。若所随不贞，则虽大亨而不免于有咎矣。《春秋传》穆姜曰："有是四德，随而无咎，我皆无之，岂随也哉？"今按四德虽非本义，然其下云云，深得占法之意。

初九　官有[②]渝，贞吉。出门交有功。

卦以物随为义，爻以随物为义。初九以阳居下，为震之主，卦之所以为随者也。既有所随，则有所偏主而变其常矣，惟得其正则吉。又当出门以交，不私其随，则有功也。故其象占如此，亦因以戒之。

六二　系小子，失丈夫。

初阳在下而近，五阳正应而远[③]，二阴柔不能自守，以须正应。故其象如此，凶吝可知，不假言矣。

六三　系丈夫，失小子。随有求得，利居贞。

"丈夫"，谓九四。"小子"，亦谓初也。三近系四，而失于初，其象与六二正相反。四阳当任而己随之，有求必得。然非正应，故

---

①　随，从也。震宫归魂卦。

②　官有，蜀才作"馆有"。

③　远，袁万反。

有不正而为邪媚①之嫌。故其占如此，而又戒以居贞也。

九四　随有获。贞凶，有孚在道，以明，何咎。

九四以刚居上之下，与五同德，故其占"随"而"有获"。然势陵于五，故虽正而凶。惟有孚在道而明，则上安而下从之，可以无咎也。占者当时之任，宜审此戒。

九五　孚于嘉，吉。

阳刚中正，下应中正，是信于善也。占者如是，其吉宜矣。

上六　拘②系之，乃从维之。王用亨③于西山。

居随之极，随之固结而不可解者也。诚意之极，可通神明，故其占为"王用亨于西山"。"亨"，亦当作"祭享"之"享"。自周而言，岐山在西。凡筮祭山川者得之，其诚意如是则吉也。

----

① 媚，密备反。
② 拘，句于反。
③ 亨，许庚反，通也。陆许两反，云：祭也。

（蛊）

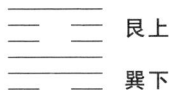
艮上
巽下

蛊① 元亨，利涉大川。先②甲三日，后③甲三日。

"蛊"，坏极而有事也。其卦艮刚居上，巽柔居下，上下不交，下卑巽而上④苟止，故其卦为蛊。或曰：刚上柔下，谓卦变自贲来者；初上二下，自井来者；五上上下，自既济来者。兼之，亦刚上而柔下，皆所以为蛊也。蛊坏之极，乱当复治，故其占为"元亨"，而"利涉大川"。"甲"，日之始，事之端也。"先甲三日"，辛也。"后甲三日"，丁也。前事过中而将坏，则可自新以为后事之端，而不使至于大坏。后事方始而尚新，然更当致其丁宁之意，以监前事之失，而不使至于速坏。圣人之深戒也。

初六 干父之蛊。有子，考无咎，厉终吉。

"干"，如木之干，枝叶之所附而立者也。"蛊"者，前人已坏之绪，故诸爻皆有父母之象，子能干之，治而振起矣。初六蛊未深而事易济，故其占为有子，则能治蛊，而考得"无咎"，然亦危矣。戒占者宜如是。又知危而能戒，则"终吉"也。

九二 干母之蛊。不可贞。

九二刚中，上应六五，子干母蛊而得中之象。以刚承柔而治⑤其坏，故又戒以不可坚贞，言当巽以入之也。

九三 干父之蛊。小有悔，无大咎。

---

① 蛊，音古，事也，惑也，乱也。《左传》云：于文皿虫为蛊。又云：女惑男风落山谓之蛊。徐：又姬祖反，一音故。巽宫归魂卦。

② 先，息荐反，《象》并注同。

③ 后，胡豆反，《象》并注同。

④ 上，时掌反。

⑤ 治，直吏反，下同。

过刚不中，故"小有悔"。巽体得正，故"无大咎"。

六四　裕^①父之蛊。往见吝。

以阴居阴，不能有为，宽裕以治蛊之象也。如是则蛊将日深，故"往"则"见吝"。戒占者不可如是也。

六五　干父之蛊。用誉。

柔中居尊，而九二承之以德，以此干蛊，可致闻誉，故其象占如此。

上九　不事王侯。高尚其事。

阳刚居上，在事之外，故为此象。而占与戒，皆在其中矣。

---

① 裕，羊树反。马云：宽也。

（临）

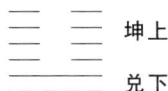

坤上

兑下

临① 元亨，利贞。至于八月有凶。

"临"，进而陵逼于物也。二阳浸长以逼于阴，故为临，十二月之卦也。又其为卦，下兑说，上坤顺。九二以刚居中，上应六五，故占者大亨而利于正，然"至于八月"当"有凶"也。"八月"，谓自复卦一阳之月，至于遁卦二阴之月，阴长阳遁之时也。或曰："八月"谓夏正八月，于卦为观，亦临之反对也。又因占而戒之。

初九 咸临。贞吉。

卦惟二阳，遍临四阴，故二爻皆有"咸临"之象，初九刚而得正，故其占为"贞吉"。

九二 咸临。吉，无不利。

刚得中而势上进，故其占"吉"而"无不利"也。

六三 甘临。无攸利。既忧之，无咎。

阴柔不中正，而居下之上，为以甘说临人之象，其占固无所利。然能忧而改之，则"无咎"也。勉人迁善，为教深矣。

六四 至临。无咎。

处得其位，下应初九，相临之至，宜"无咎"者也。

六五 知②临。大君之宜，吉。

以柔居中，下应九二，不自用而任人，乃知之事。而"大君之宜"，吉之道也。

上六 敦临。吉，无咎。

居卦之上，处临之终，敦厚于临，"吉"而"无咎"之道也，故其象占如此。

---

① 临，如字。《序卦》云：大也。坤宫二世卦。

② 知，音智，注同。又如字。

（观）

```
════════     巽上
══  ══
══  ══       坤下
```

观① 盥②而不荐③，有孚颙若。

"观"者，有以示人，而为人所仰也。九五居上，四阴仰之，又内顺外巽，而九五以中正示天下，所以为观。将祭而洁手也。"荐"，奉酒食以祭也。"颙④若"，尊严之貌。言致其洁清而不轻自用，则其孚信在中，而颙然可仰，戒占者宜如是也。或曰："有孚颙若"，谓在下之人，信而仰之也。此卦四阴长而二阳消，正为八月之卦，而名卦系辞，更取它义，亦扶阳抑阴之意。

初六 童⑤观。小人无咎，君子吝。

卦以观示为义，据九五为主也。爻以观瞻为义，皆观乎九五也。初六阴柔在下，不能远见，"童观"之象，小人之道，君子之羞也。故其占在小人则"无咎"，君子得之，则可羞矣。

六二 窥⑥观。利女贞。

阴柔居内而观乎外，"窥观"之象，女子之正也，故其占如此。丈夫得之，则非所利矣。

六三 观我生进退。

"我生"，我之所行也。六三居下之上，可进可退，故不观九五，而独观己所行之通塞以为进退，占者宜自审也。

---

① 观，官唤反，示也。乾宫四世卦。

② 盥，音管。

③ 荐，本又作蔍，同，笺练反。王肃本作"而不观荐"。

④ 颙，鱼恭反。

⑤ 童，马云：童犹独也。郑云：稚也。

⑥ 窥，苦规反，本亦作闚。

六四　观^①国之光。利用宾于王。

六四最近^②于五，故有此象。其占为利于朝觐仕进也。

九五　观我生。君子无咎。

九五阳刚中正以居尊位，其下四阴，仰而观之，君子之象也。故戒居此位，得此占者，当观己所行，必其阳刚中正亦如是焉，则得"无咎"也。

上九　观其生。君子无咎。

上九阳刚居尊位之上，虽不当事任，而亦为下所观，故其戒辞略与五同。但以"我"为"其"，小有主宾之异耳。

---

① 观，如字，或音官唤反。

② 近，附近之近。

（噬嗑）

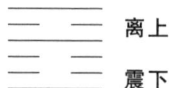

離上
震下

噬①嗑② 亨，利用狱。

"噬"，啮③也。"嗑"，合也。物有间④者，啮而合之也。为卦上下两阳而中虚，颐⑤口之象。九四一阳，间于其中，必啮之而后合，故为噬嗑。其占当得亨通者，有间故不通。啮之而合，则亨通矣。又三阴三阳刚柔中半，下动上明，下雷上电。本自益卦六四之柔，上⑥行以至于五而得其中，是知以阴居阳，虽不当位，而"利用狱"。盖治狱之道，惟威与明，而得其中之为贵。故筮得之者，有其德则应其占也。

初九 屦⑦校⑧灭趾。无咎。

初上无位为受刑之象，中四爻为用刑之象。初在卦始，罪薄过小，又在卦下，故为"屦⑨校⑩灭趾⑪"之象。止恶于初，故得"无咎"，占者小伤而无咎也。

六二 噬肤⑫灭鼻。无咎。

---

① 噬，市制反。啮也。
② 嗑，胡腊反，合也。噬嗑，巽宫五世卦。
③ 啮，研节反。
④ 有间，如字，下同。又音间厕之间。
⑤ 颐，以之反。
⑥ 上，时掌反，注同。
⑦ 屦，纪具反。
⑧ 校，爻教反，注及下同。马音教。
⑨ 屦，俱遇反。
⑩ 校，胡孝反，下同。
⑪ 趾，本亦作止。
⑫ 肤，方于反。马云：柔脆肥美曰肤。

祭有肤鼎，盖肉之柔脆，噬而易嗑者。六二中正，故其所治如"噬肤"之易①。然以柔乘刚，故虽甚易，亦不免于伤灭其鼻。占者虽伤而终"无咎"也。

六三　噬腊②肉遇毒。小吝，无咎。

"腊肉"，谓兽腊，全体骨而为之者，坚韧之物也。阴柔不中正，治人而人不服，为"噬腊""遇毒"之象。占虽"小吝"，然时当噬嗑，于义为"无咎"也。

九四　噬干胏③，得金矢。利艰贞，吉。

"胏"，肉之带骨者，与"胾"通。《周礼》：狱讼入钧金束矢而后听之。九四以刚居柔，得用刑之道，故有此象。言所噬愈坚而得听讼之宜也，然必利于艰难正固则吉。戒占者宜如是也。

六五　噬干肉，得黄金。贞厉，无咎。

"噬干肉"，难于肤而易于腊胏者也。"黄"，中色。"金"，亦谓钧金。六五柔顺而中，以居尊位，用刑于人，人无不服，故有此象。然必"贞厉"乃得"无咎"，亦戒占者之辞也。

上九　何④校灭耳。凶。

"何"，负也。过极之阳，在卦之上，恶极罪大，凶之道也。故其象占如此。

---

① 易，以豉反。

② 腊，音昔。马云：晞于阳而炀于日曰腊肉。郑注：《周礼》：小物全干曰腊。

③ 胏，缁美反。马云：有骨谓之胏。郑云：簀也。《字林》云：含食所遗也。一曰脯也。子夏作脯。徐：音甫，荀、董同。

④ 何，何可反，又音何，本亦作荷，音同，下同。王肃云：荷担。

（贲）

```
┅┅ 艮上
┅┅ 离下
```

贲①　亨，小利有攸往。

"贲"，饰也。卦自损来者，柔自三来而文二，刚自二上而文三。自既济而来者，柔自上来而文五，刚自五上而文上。又内离而外艮，有文明而各得其分之象，故为贲。占者以其柔来文刚，阳得阴助，而离明于内，故为"亨"。以其刚上文柔，而艮止于外，故"小利有攸往"。

初九　贲其趾②。舍车③而徒。

刚德明体，自贲于下，为舍非道之车，而安于徒步之象。占者自处，当如是也。

六二　贲其须④。

二以阴柔居中正，三以阳刚而得正，皆无应与。故二附三而动，有贲须之象。占者宜从上之阳刚而动也。

九三　贲如濡如。永贞吉。

一阳居二阴之间，得其贲而润泽者也。然不可溺于所安，故有"永贞"之戒。

---

①　贲，彼伪反。徐甫寄反。李轨府瓮反。傅氏云：贲古斑字，文章貌。郑云：变也，文饰之貌。王肃符文反，云：有文饰，黄白色。艮宫一世卦。

②　趾，一本作止。郑云：趾，足。

③　车，音居。郑、张本作舆，从汉时始有居音。

④　须，如字，字从彡。水边作湏。

六四　贲如皤①如，白马翰②如。匪寇婚媾③。

"皤"，白也。"马"，人所乘，人白则马亦白矣。四与初相贲者，乃为九三所隔而不得遂，故"皤如"。而其往求之心，如飞翰④之疾也。然九三刚正，非为寇者也，乃求婚媾耳，故其象如此。

六五　贲于丘园⑤，束帛⑥戋戋⑦。吝，终吉。

六五柔中为贲之主，敦本尚实，得贲之道，故有"丘园"之象。然阴性吝啬⑧，故有"束帛戋戋"之象。"束帛"，薄物；"戋戋"，浅小之意。人而如此，虽可羞吝，然礼奢宁俭，故得"终吉"。

上九　白贲。无咎。

贲极反本，复于无色，"善补过矣"，故其象占如此。

---

①　皤，白波反。《说文》云：老人貌。董音槃，云：马作足横行曰皤。郑、陆作蟠，音烦。荀作波。

②　翰，户旦反。董、黄云：马举头高卬也。马、荀云：高也。郑云：幹也。亦作寒案反。

③　媾，古豆反。

④　翰，胡旦反，高飞。

⑤　贲于丘园，黄本贲作世。

⑥　束帛，《子夏传》云：五匹为束，三玄二纁，象阴阳。

⑦　戋戋，在千反。马云：委积貌。薛、虞云：礼之多也。又音笺。黄云：猥积貌。一云显见貌。《子夏传》作"残残"。

⑧　啬，音色。

（剥）

```
━━━━━  ━━ ━━  艮上
━━ ━━  ━━ ━━  坤下
━━ ━━  ━━ ━━
```

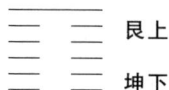

剥[1]　不利有攸往。

"剥"，落也。五阴在下而方生，一阳在上而将尽[2]，阴盛长而阳消落，九月之卦也。阴盛阳衰，小人壮而君子病。又内坤外艮，有顺时而止之象。故占得之者，不可以有所往也。

初六　剥床以足。蔑[3]贞凶。

剥自下起，灭正则"凶"，故其占如此。"蔑"，灭也。

六二　剥床以辨[4]。蔑贞凶。

"辨"，床干也。进而上矣。

六三　剥之。无咎。

众阴方剥阳，而己独应之。去其党而从正，"无咎"之道也。占者如是，则得"无咎"。

六四　剥床以肤[5]。凶。

阴祸切身，故不复言"蔑贞"，而直言"凶"也。

六五　贯[6]鱼。以宫人宠，无不利。

"鱼"，阴物。"宫人"，阴之美而受制于阳者也。五为众阴之

---

① 剥，邦角反。《彖》云：剥，剥也。马云：落也。《说文》云：裂也。乾宫五世卦。

② 尽，津忍反。

③ 蔑，莫结反，犹削也。楚俗有削蔑之言。马云：无也。郑云：轻慢。荀作灭。

④ 辨，徐：音办具之办，足上也。马、郑同。黄云：床簀也。薛、虞：膝下也。郑：符勉反。王肃：否勉反。

⑤ 肤，方于反。京作簠，谓祭器。

⑥ 贯，古乱反。徐：音官，穿也。

长，当率其类，受制于阳，故有此象。而占者如是，则"无不利"也。

上九　硕果不食。君子得舆①，小人剥庐②。

一阳在上，剥未尽③而能复生。君子在上，则为众阴所载。小人居之，则剥极于上，自失所覆，而无复"硕果""得舆"之象矣。取象既明，而君子小人，其占不同，圣人之情，益可见④矣。

---

① 舆，音余。京作"德舆"，董作"德车"。

② 庐，力居反。

③ 尽，津忍反，下同。

④ 见，贤遍反，注同。

（复）

```
☷ 坤上
☳ 震下
```

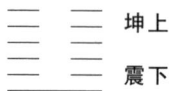

复①　亨，出入无疾，朋②来无咎，反复③其道。七日来复，利有攸往。

"复"，阳复生于下也。剥尽则为纯坤，十月之卦，而阳气已生于下矣。积之逾月，然后一阳之体始成而来复，故十有一月，其卦为复。以其阳既往而复反，故有亨道。又内震外坤，有阳动于下，而以顺上行之象，故其占又为己之"出入"。既得"无疾"，朋类之来，亦得"无咎"。又自五月姤卦一阴始生，至此七爻而一阳来复，乃天运之自然，故其占又为"反复其道"。至于"日"，当得"来复"。又以刚德方长，故其占又为"利有攸往"也。"反复其道"，往而复来，来而复往之意。"七日"者，所占来复之期也。

初九　不远复。无祇④悔，元吉。

一阳复生于下，复之主也。"祇"，抵也。又居事初，失之未远，能复于善，不抵于悔，大善而吉之道也。故其象占如此。

六二　休⑤复。吉。

柔顺中正，近于初九，而能下之。复之休美，吉之道也。

六三　频⑥复。厉无咎。

以阴居阳，不中不正。又处动极，复而不固，屡失屡复之象。

---

①　复，音服，反也，还也。坤宫一世卦。
②　朋，如字，京作崩。
③　复，芳服反，注同，本亦作覆。
④　祇，音支，辞也。马同，音之是反。韩伯祁支反，云：大也。郑云：病也。王肃作禔，时支反。陆云：禔，安也。九家本作祬，字音支。
⑤　休，虚虬反。
⑥　频，如字。本又作颦，嚬，眉也。郑作矉，音同。马云：忧嚬也。

屡失故危，复则"无咎"，故其占又如此。

六四　中行独复。

四处群阴之中，而独与初应，为与众俱行，而独能从善之象。当此之时，阳气甚微，未足以有为，故不言吉。然理所当然，吉凶非所论也。董子曰："仁人者，正其谊不谋其利，明其道不计其功。"于剥之六三及此爻见之。

六五　敦复。无悔。

以中顺居尊，而当复之时，"敦复"之象，"无悔"之道也。

上六　迷复，凶。有灾①眚②。用行师，终有大败。以其国君凶，至于十年不克征。

以阴柔居复终，终迷不复之象，凶之道也。故其占如此。"以"，犹及也。

---

① 有灾，本又作灾。郑作裁。按《说文》：裁，正字也；灾，或字也。灾，籀文也。

② 眚，生领反，下卦同。《子夏传》云：伤害曰灾，妖祥曰眚。郑云：异自内生曰眚，自外曰祥，害物曰灾。

（无妄）

```
═══  乾上
══ ══  震下
```

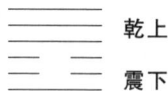

无妄① 元亨，利贞。其匪正有眚，不利有攸往。

"无妄"，实理自然之谓。《史记》作"无望"，谓无所期望而有得焉者，其义亦通。为卦自讼而变，九自二来而居于初，又为震主，动而不妄者也，故为"无妄"。又二体震动而乾健，九五刚中而应六二，故其占大亨，而利于正。若其不正，则有眚而不利有所往也。

初九 无妄。往吉。

以刚在内，诚之主也。如是而往，其"吉"可知。故其象占如此。

六二 不耕获②，不菑③畲④。则利有攸往。

柔顺中正，因时顺理，而无私意期望之心，故有"不耕获，不菑畲"之象。言其无所为于前，无所冀于后也。占者如是，则利有所往矣。

六三 无妄之灾。或系之牛，行人之得，邑人之灾。

卦之六爻，皆无妄者也。六三处不得正，故遇其占者，无故而有灾。如行人牵牛以去，而居者反遭诘捕之扰也。

九四 可贞。无咎。

阳刚乾体，下无应与，可固守而"无咎"。不可以有为之占也。

---

① 妄，亡亮反。无妄，无虚妄也。《说文》云：妄，乱也。马、郑、王肃皆云妄犹望，谓无所希望也。巽宫四世卦。

② 获，黄郭反。或依注作"不耕而获"，非，下句亦然。

③ 菑，侧其反。马云：田一岁也。董云：反草也。

④ 畲，音余。马云：田三岁也。董云：悉耨曰畲。

九五　无妄之疾。勿药有喜①。

乾刚中正，以居尊位，而下应亦中正，无妄之至也。如是而有疾，"勿药"而自愈矣。故其象占如此。

上九　无妄。行②有眚，无攸利。

上九非有妄也，但以其穷极而不可行耳，故其象占如此。

---

① 喜，如字，徐：许意反。无妄、大畜卦放此。

② 行，如字，又下孟反。

（大畜）

```
　━━　━━　艮上
　━━━━━━
　━━━━━━　乾下
```

大畜①　利贞。不家食吉，利涉大川。

"大"，阳也。以艮畜乾，又畜②大者也之。又以内乾刚健，外
艮笃实辉③光，是以能"日新其德"，而为畜之大也。以卦变言，此
卦自需而来，九自五而上。以卦体言，六五尊而尚之。以卦德言，
又能止健，皆非人正不能。故其占为"利贞"，而"不家食吉"也。
又六五下应于乾，为应乎天，故其占又为"利涉大川"也。"不家
食"，谓食禄于朝，不食于家也。

初九　有厉，利己④。

乾之三阳，为艮所止，故内外之卦各取其义。初九为六四所
止，故其占往则有危，而利于止也。

九二　舆⑤说⑥輹。

九二亦为六五所畜，以其处中，故能自止而不进，有此象也。

九三　良马逐⑦，利艰贞。曰⑧闲⑨舆卫，利有攸往。

三以阳居健极，上以阳居畜极，极而通之时也。又皆阳爻，故

---

①　大畜，本又作蓄，敕六反。义与小畜同。艮宫二世卦。
②　畜，许六反，本或作兽。
③　辉，音挥。
④　己，夷止反，下及注"己则"、"能己"同。或音纪，姚同。
⑤　舆，音余，下同。本或作轝，音同。
⑥　说，吐活反，注及下同。马云：解也。
⑦　良马逐，如字。郑本作"逐逐"，云：两马走也。姚云：逐，逐疾并
驱之貌。一音胄。
⑧　曰，音越。刘云：曰犹言也。郑人实反，云：曰习车徒。
⑨　闲，如字，阂也。马、郑云：习。

不相畜而俱进，有"良马逐"之象焉。然过刚锐进，故其占必戒以"艰贞"。"闲"习，乃利于有往也。"曰"，当为日月之"日"。

六四　童牛①之牿②。元吉。

"童"者，未角之称③。"牿"，施横木于牛角，以防其触，《诗》所谓"楅衡"者也。止之于未角之时，为力则易，大善之吉也，故其象占如此。《学记》曰："禁于未发之谓豫。"正此意也。

六五　豮豕之牙④。吉。

阳已进而止之，不若初之易矣。然以柔居中，而当尊位，是以得其机会而可制。故其象如此，占虽"吉"而不言"元"也。

上九　何⑤天之衢⑥。亨⑦。

"何天之衢"，言何其通达之甚也？畜极而通，豁达无碍，故其象占如此。

_____

①　童牛，无角牛也。《广》、《苍》作犝。刘云：童，妾也。

②　牿，古毒反。刘云：牿之言角也。陆云：牿当作角。九家作告。《说文》同，云：牛触角著横木，所以告人。

③　称，尺证反，下同。

④　牙，徐：五加反。郑读为互。

⑤　何，音河。梁武帝音贺。

⑥　衢，其俱反。马云：四达谓之衢。

⑦　亨，许庚反。

（颐）

```
☰☰ 艮上
☰☰ 震下
```

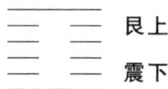

颐① 贞吉。观颐，自求口实。

"颐"，口旁也。口食物以自养，故为养义。为卦上下二阳，内含四阴，外实内虚，上止下动，为颐之象，养之义也。"贞吉"者，占者得正则吉。"观颐"，谓观其所养之道。"自求口实"，谓观其所以养身之术，皆得正则吉也。

初九 舍尔灵龟，观我朵②颐。凶。

"灵龟"，不食之物。"朵"，垂也。"朵颐"，欲食之貌。初九阳刚在下，足以不食，乃上应六四之阴，而动于欲，"凶"之道也。故其象占如此。

六二 颠③颐，拂④经，于丘颐。征凶。

求养于初，则颠倒而违于常理。求养于上，则往而得凶。"丘"，土之高者，上之象也。

六三 拂⑤颐。贞凶，十年勿用。无攸利。

阴柔不中正，以处动极，拂于颐矣。既拂于颐，虽正亦凶，故其象占如此。

---

① 颐，以之反，养也。此篆文字也。巽宫游魂卦。
② 朵，多果反，动也。郑同。京作瑞。
③ 颠，丁田反，倒也。
④ 拂，附弗反。
⑤ 符弗反，违也。薛同，注下皆同。一音敷弗反。《子夏传》作弗，云：辅弼也。

六四　颠颐。吉。虎视①眈眈②，其欲逐逐③，无咎。

柔居上而得正，所应又正，而赖其养以施④于下，故虽颠而吉。"虎视眈眈"，下而专也。"其欲逐逐"，求而继也。又能如是，则"无咎"矣。

六五　拂经。居贞吉，不可涉大川。

六五阴柔不正，居尊位而不能养人，反赖上九之养，故其象占如此。

上九　由颐。厉吉，利涉大川。

六五赖上九之养以养人，是物由上九以养也。位高任重，故"厉"而"吉"。阳刚在上，故"利"涉川。

---

① 视，徐：市志反，又常止反。

② 眈眈，丁南反，威而不猛也。马云：虎下视貌，一音大南反。

③ 逐逐，如字，敦实也。薛云：速也。《子夏传》作"攸攸"。《志林》云：攸当为逐，苏林音迪。荀作"悠悠"。刘作瞵，云：远也。《说文》：瞵，音式六反。

④ 施，始豉反，注同。

（大过）

```
═══  兑上
─ ─
═══
───  巽下
```

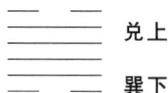

大过①　栋②桡③。利有攸往，亨。

"大"，阳也。四阳居中过盛，故为大过。上下二阴不胜其重，故有"栋桡"之象。又以四阳虽过，而二五得中，内巽外说，有可行之道，故利有所往而得"亨"也。

初六　藉④用白茅⑤。无咎。

当大过之时，以阴柔居巽下，过于畏惧而"无咎"者也，故其象占如此。"白茅"，物之洁者。

九二　枯⑥杨生稊⑦。老夫⑧得其女妻，无不利。

阳过之始，而比⑨初阴，故其象占如此。"稊"，根也，荣于下者也。荣于下则生于上矣。夫虽老而得女妻，犹能成生育之功也。

九三　栋桡，凶。

三四二爻，居卦之中，栋之象也。九三以刚居刚，不胜其重，故象"桡"而占"凶"。

九四　栋隆，吉。有它⑩吝。

----

① 大过，徐古卧反，罪过也，超过也。王肃音戈。震宫游魂卦。
② 栋，徐丁贡反。
③ 桡，乃教反，曲折也，下同。
④ 藉，在夜反，下同。马云：在下曰藉。
⑤ 茅，卯交反。
⑥ 枯，如字。郑音姑，谓无姑山榆。榆，羊朱反。
⑦ 稊，徒稽反。杨之秀也。郑作荑。荑，木更生，音夷，谓山榆之实。
⑧ 老夫，如字，下同。
⑨ 比，毗志反，下同。
⑩ 它，音他。

以阳居阴，过而不过，故其象隆而占"吉"。然下应初六，以柔济之，则过于柔矣，故又戒以"有它"则"吝"也。

九五　枯杨生华①。老妇得其士夫，无咎无誉②。

九五阳过之极，又比过极之阴，故其象占皆与二反。

上六　过涉灭顶③，凶。无咎。

处过极之地，才弱不足以济，然于义为"无咎"矣。盖杀身成仁之事，故其象占如此。

----

① 华，如字。徐：音花。
② 誉，音预，又音余。
③ 顶，徐：都令反。

（坎）

```
  ▅▅ ▅▅   坎上
  ▅▅▅▅▅
  ▅▅ ▅▅   坎下
  ▅▅▅▅▅
```

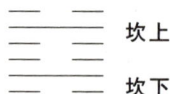

习①坎② 有孚。维心亨，行有尚。

"习"，重习也。"坎"，险陷③也。其象为水，阳陷阴中，外虚而中实也。此卦上下皆坎，是为重④险。中实为有孚心亨之象，以是而行，必有功矣，故其占如此。

初六 习坎，入于坎窞，凶。

以阴柔居重险之下，其陷益深，故其象占如此。

九二 坎有险。求小得。

处重险之中，未能自出，故为"有险"之象。然刚而得中，故其占可以"求小得"也。

六三 来之坎坎。险且⑤枕⑥，入于坎窞。勿用。

以阴柔不中正，而履重险之间，来往皆险。前险而后枕，其陷益深，不可用也。故其象占如此。枕，倚著未安之意。

六四 樽⑦酒簋，贰用缶⑧。纳约自牖⑨，终无咎。

---

① 习，便习也，重也。刘云：水流行不休，故曰习。

② 坎，徐苦感反。本亦作埳。京、刘作欿。险也，陷也。八纯卦，象水。

③ 陷，陷没之陷。

④ 重，直龙反，注下并同。

⑤ 险，如字。古文及郑、向本作检。郑云：木在手曰检。

⑥ 枕，樽酒徐针鸩反。王肃针甚反。郑玄云：木在首曰枕。陆云：闲碍险害之貌。九家作玷，古文作沈。沈，直林反。鸩，除荫反。本亦作酖。

⑦ 樽，音尊。

⑧ 缶，方有反。旧读"樽酒簋"一句，"贰用缶"一句。

⑨ 牖，音酉。陆作诱。

晁氏云：先儒读"樽酒簋"为一句，"贰用缶"为一句，今从之。"贰"，益之也。《周礼》"大祭三贰"，《弟子职》"左执虚豆，右执挟匕，周旋而贰"是也。九五尊位，六四近之，在险之时，刚柔相济，故有但用薄礼，益以诚心，进结"自牖"之象。牖非所由之正，而室之所以受明也。始虽艰阻，终得"无咎"，故其占如此。

九五　坎不盈。祇既平，无咎。

九五虽在坎中，然以阳刚中正居尊位，而时亦将出矣，故其象占如此。

上六　系用徽①纆②，寘于丛③棘。三岁不得，凶。

以阴柔居险极，故其象占如此。

---

① 徽，许韦反。

② 纆，音墨。刘云：三股曰徽，两股曰纆，皆索名。

③ 丛，才公反。

（离）

```
—— ——  离上
——————
—— ——  离下
```

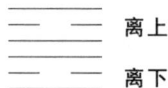

离① 利贞，亨。畜②牝③牛，吉。

"离"，丽也。阴丽于阳，其象为火，体阴而用阳也。物之所丽，贵乎得正。"牝牛"，柔顺之物也，故占者能正则"亨"，而"畜牝牛"则"吉"也。

初九 履错④然。敬之无咎。

以刚居下而处明体，志欲上进，故有"履错然"之象，"敬之"则"无咎"矣。戒占者宜如是也。

六二 黄离，元吉。

"黄"，中色。柔离乎中而得其正，故其象占如此。

九三 日昃⑤之离。不鼓⑥缶而歌，则大耋⑦之嗟⑧，凶⑨。

重离之间，前明将尽，故有"日昃"之象。不安常以自乐⑩，则不能自处而凶矣。戒占者宜如是也。

---

① 离，列池反，丽也。丽，著也。八纯卦，象日象火。

② 畜，许六反，注同。

③ 牝，频忍反。徐：又扶死反。

④ 错，郑、徐七各反。马七路反。

⑤ 昃，王嗣宗本作仄，音同。

⑥ 鼓，郑本作击。

⑦ 耋，田节反。马云：七十曰耋。王肃又他结反，云：八十曰耋。京作绖。蜀才作咥。

⑧ 嗟，如字。王肃又遭哥反。荀作差。下"嗟若"亦尔。

⑨ 凶，古文及郑无凶字。

⑩ 乐，音洛。

九四　突①如其来如，焚如，死如，弃如。

后明将继之时，而九四以刚迫之，故其象如此。

六五　出②涕③沱④若，戚⑤嗟若，吉。

以阴居尊，柔丽乎中，然不得其正而迫于上下之阳，故忧惧如此，然后得“吉”。戒占者宜如是也。

上九　王用出征，有嘉折⑥首，获匪其丑，无咎。

刚明及远，威震而刑不滥⑦，“无咎”之道也，故其象占如此。

---

①　突，徒忽反。王肃唐屑反。旧又汤骨反。《字林》同，云：暂出。

②　出，如字。徐尺遂反。王嗣宗敕类反。

③　涕，徐他米反，又音弟。

④　沱，徒河反。荀作池。一本作池。

⑤　戚，千寂反。《子夏传》作嘁。嘁，子六反，咨暂也。

⑥　折，徐之舌反，注同。

⑦　滥，力暂反。

周易本义卷二

周易下经

（咸）

```
━━ ━━ 兑上
━━━━━
━━ ━━ 艮下
```

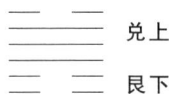

咸① 亨，利贞。取②女吉。

"咸"，交感也。兑柔在上，艮刚在下，而交相感应。又艮止则感之专，兑说则应之至。又艮以少③男下于兑之少女，男先于女，得男女之正，婚姻之时，故其卦为咸，其占"亨"而"利贞"，"取女"则"吉"。盖感有必通之理，然不以正，则失其"亨"而所为皆凶矣。

初六 咸其拇④。

"拇"，足大指也。咸以人身取象，感于最下，"咸拇"之象也。感之尚浅，欲进未能，故不言吉凶。此卦虽主于感，然六爻皆宜静而不宜动也。

六二 咸其腓⑤。凶。居吉。

---

① 咸，如字。《彖》云：感也。兑宫三世卦。

② 取，七具反。本亦作娶，音同。

③ 少，诗照反，下"少女"皆同。

④ 拇，茂后反。马、郑、薛云：足，大指也。子夏作踇。荀作母，云：阴位之尊。

⑤ 腓，房非反。郑云：胜肠也。胜音市窝反。王廙云：腓腓，肠也。荀作肥，云：谓五也。尊盛故称肥。

"腓"，足肚也。欲行则先自动，躁妄而不能固守者也。二当其处，又以阴柔不能固守，故取其象。然有中正之德，能居其所，故其占动"凶"而静"吉"也。

九三　咸其股^①，执其随^②。往吝。

"股"，随足而动，不能自专者也。"执"者，主当持守之意。下二爻皆欲动者，三亦不能自守而随之，"往"则"吝"矣，故其象占如此。

九四　贞吉悔亡。憧憧^③往来，朋从尔思。

九四居股之上，脢之下，又当三阳之中，心之象，咸之主也。心之感物，当正而固，乃得其理。今九四乃以阳居阴，为失其正而不能固，故因占设戒，以为能正而固，则吉而"悔亡"。若"憧憧往来"，不能正固而累^④于私感，则但其朋类从之，不复能及远^⑤矣。

九五　咸其脢^⑥。无悔。

"脢"，背肉。在心上而相背^⑦，不能感物，而无私系。九五适当其处，故取其象。而戒占者以能如是，则虽不能感物，而亦可以"无悔"也。

上六　咸其辅^⑧颊^⑨舌。

"辅颊舌"，皆所以言者，而在身之上。上六以阴居说之终，处咸之极，感人以言，而无其实。又兑为口舌，故其象如此，凶咎可知。

---

① 股，音古。

② 随，从也。震宫归魂卦。

③ 憧憧，昌容反。马云：行貌。王肃云：往来不绝貌。《广雅》云：往来也。刘云：意未定也。徐：又音童，又音钟。京作懂。《字林》云：懂，迟也，丈冢反。

④ 累，劣伪反。

⑤ 远，袁万反。

⑥ 脢，武杯反，又音每。心之上，口之下也。郑云：背脊肉也。《说文》同。王肃又音灰。《广雅》云：肿谓之脢，肿音以人反。

⑦ 背，音佩，下"相背"同。

⑧ 辅，如字。马云：上颔也。虞作䩉，云：耳目之间。

⑨ 颊，兼叶反。孟作侠。

（恒）

```
☳☳  震上
☴☴  巽下
```

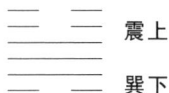

恒① 亨，无咎。利贞，利有攸往。

"恒"，常久也。为卦震刚在上，巽柔在下。震雷巽风，二物相与②，巽顺震动，为巽而动，二体六爻阴阳相应。四者皆理之常，故为恒。其占为能久于其道，则"亨"而"无咎"。然又必利于守贞，则乃为得所常久之道，而利有所往也。

初六 浚③恒。贞凶，无攸利。

初与四为正应，理之常也。然初居下，而在初未可以深有所求。四震体而阳性，上而不下，又为二三所隔，应初之意，异乎常矣。初之柔暗不能度势，又以阴居巽下，为巽之主，其性务入，故深以常理求之，"浚恒"之象也。占者如此，则虽"贞"亦凶，而无所"利"矣。

九二 悔亡。

以阳居阴，本当有"悔"。以其久中，故得"亡"也。

九三 不恒其德，或承④之羞，贞吝。

位虽得正，然过刚不中，志从于上，不能久于其所，故为"不恒其德，或承之羞"之象。"或"者，不知其何人之辞。"承"，奉也，言人皆得奉而进之，不知其所自来也。"贞吝"者，正而不恒，为可羞吝，申戒占者之辞。

九四 田无禽。

---

① 恒，如字，久也。震宫三世卦。

② 相与，如字。郑云：与，犹亲也。

③ 浚，荀润反，深也。郑作濬。

④ 或承，或，有也。一云常也。郑本作咸承。

以阳居阴，久非其位，故为此象。占者田无所获，而凡事亦不得其所求也。

六五　恒其德贞。妇人吉，夫子凶。

以柔中而应刚中，常久不易，正而固矣。然乃妇人之道，非夫子之宜也，故其象占如此。

上六　振①恒，凶。

"振"者，动之速也。上六居恒之极，处震之终，恒极则不常，震终则过动。又阴柔不能固守，居上非其所安，故有"振恒"之象，而其占则"凶"也。

①　振，之刃反。马云：动也。郑云：摇落也。张作震。

（遁）

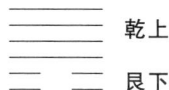

乾上
艮下

遁① 亨，小利贞。

"遁"，退避也。为卦二阴浸②长，阳当退避，故为遁，六月之卦也。阳虽当遁，然九五当位，而下③有六二之应，若犹可以有为。但二阴浸长于下，则其势不可以不遁。故其占为君子能遁则身虽退而道亨，小人则利于守正，不可以浸长之故，而遂侵迫于阳也。"小"，谓阴柔小人也。此卦之占，与否之初二两爻相类。

初六 遁尾厉。勿用有攸往。

遁而在后，"尾"之象，危之道也。占者不可以有所往，但晦处静俟，可免灾耳。

六二 执之用黄牛之革，莫之胜说④。

以中顺自守，人莫能解，必遁之志也。占者固守，亦当如是。

九三 系⑤遁。有疾厉，畜臣妾，吉。

下比二阴，当遁而有所系之象，有"疾"而"危"之道也。然以"畜臣妾"则"吉"。盖君子之于小人，惟"臣妾"则不必其贤而可"畜"耳，故其占如此。

九四 好⑥遁。君子吉，小人否⑦。

---

① 遁，徒巽反。字又作遯，又作遁，同隐退也。匿迹避时，奉身退隐之谓也。郑云：逃去之名。《序卦》云：遁者退也。乾宫二世卦。

② 浸，子鸩反，注同。

③ 下，遐嫁反，注"下柔"同。

④ 说，王肃：如字，解说也。师同。徐：吐活反，又始锐反。

⑤ 系，古诣反，本或作系。

⑥ 好，呼报反，注下同。

⑦ 否，音鄙，注下同，恶也。徐：方有反。郑、王肃：备鄙反。云：塞也。

下应初六，而乾体刚健，有所好而能绝之，以遁之象也。惟自克之君子能之，而小人不能。故占者君子则吉，而小人否也。

九五　嘉遁。贞吉。

刚阳中正，下应六二，亦柔顺而中正，遁之嘉美者也。占者如是而正则"吉"矣。

上九　肥①遁。无不利。

以刚阳居卦外，下无系应，遁之远而处之裕者也，故其象占如此。"肥"者，宽裕自得之意。

---

① 肥，如字。《子夏传》云：肥，饶裕。

（大壮）

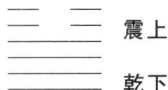

震上
乾下

大壮^①　利贞。

"大"，谓阳也。四阳盛长，故为"大壮"，二月之卦也。阳壮，则占者吉亨不假言，但利在正固而已。

初九　壮于趾^②。征凶，有孚。

"趾"在下而进，动之物也。刚阳处下而当壮时，壮于进者也，故有此象。居下而壮于进，其"凶"必矣，故其占又如此。

九二　贞吉。

以阳居阴，已不得其正矣。然所处得中，则犹可因以不失其正。故戒占者，使因中以求正，然后可以得"吉"也。

九三　小人用壮，君子用罔^③，贞厉。羝羊^④触^⑤藩^⑥，羸^⑦其角。

过刚不中，当壮之时，是"小人用壮"而君子则"用罔"也。"罔"，无也。视有如无，君子之过于勇者也。如此，则虽正亦危矣。"羝羊"，刚壮喜触之物。"藩"，篱也。"羸"，困也。"贞厉"

---

① 大壮，庄亮反。威盛强猛之名。郑云：气力浸强之名。王肃云：壮盛也。《广雅》云：健也。马云：伤也。郭璞云：今淮南人呼壮为伤。坤宫四世卦。

② 趾，音止。

③ 罔，罗也。马、王肃云：无。

④ 羝羊，音低。张云：羖羊也。《广雅》云：吴羊曰羝。

⑤ 触，徐处六反。

⑥ 藩，方袁反。徐甫言反，下同。马云：篱落也。

⑦ 羸，律悲反，又力追反，下同。马云：大索也。徐力皮反。王肃作缧，音螺。郑虞作累。蜀才作累。张作虆。

之占，其象如此。

九四　贞吉悔亡。藩决不羸，壮于大舆①之輹。

"贞吉悔亡"，与《咸·九四》同占。"藩决不羸"，承上文而言也。"决"，开也。三前有四，犹有藩焉。四前二阴，则"藩决"矣。"壮于大舆之輹"，亦可进之象也。以阳居阴，不极其刚，故其象占如此。

六五　丧②羊于易③，无悔。

卦体似兑有羊象焉，外柔而内刚者也。独六五以柔居中，不能抵触，虽失其壮，然亦无所悔矣。故其象占如此，而占亦与《咸·九五》同。"易"，"容易"之易，言忽然不觉其亡也。或作"疆場"之場，亦通。《汉·食货志》"場"作"易"。

上六　羝羊触藩，不能退，不能遂。无攸利，艰则吉。

壮终动极，故"触藩"而"不能退"。然其质本柔，故又"不能遂"其进也。其象如此，其占可知。然犹幸其不刚，故能艰以处则尚可以得"吉"也。

---

①　大舆，音余。

②　丧，息浪反，注下同。

③　易，以豉反，注下同。郑音亦，谓佼易也。陆作場，谓疆場也。

（晋）

```
━━━━━  离上
━━ ━━
━━ ━━
━━ ━━  坤下
━━ ━━
```

晋^①　康^②侯用锡马蕃^③庶^④，昼^⑤日三^⑥接^⑦。

"晋"，进也。"康侯"，安国之侯也。"锡马蕃^⑧庶，昼日三接"，言多受大赐，而显被^⑨亲礼也。盖其为卦，上离下坤，有日出地上之象，顺而丽乎大明之德。又其变自观而来，为六四之柔，进而上行以至于五。占者有是三者，则亦当有是宠也。

初六　晋如，摧^⑩如，贞吉。罔孚，裕无咎。

以阴居下，应不中正，有欲进见摧之象。占者如是而能守正则吉，设不为人所信，亦当处以宽裕，则"无咎"也。

六二　晋如愁^⑪如，贞吉。受兹介^⑫福，于其王母。

六二中正，上无应援^⑬，故欲进而愁。占者如是而能守正则吉，而受福于王母也。"王母"，指六五。盖享先妣之吉占，而凡以阴居尊者，皆其类也。

---

① 晋，《彖》云：进也。孟作齐。齐，子西反，义同。乾宫游魂卦。

② 康，美之名也。马云：安也。郑云：尊也，广也。陆云：安也，乐也。

③ 蕃，音烦，多也。郑发袁反。

④ 庶，如字，众也。郑止奢反，谓蕃遮禽也。

⑤ 昼，竹又反。

⑥ 三，徐息惭反，下及注同。

⑦ 接，如字。郑音捷，胜也。

⑧ 蕃，音烦。

⑨ 被，皮寄反。

⑩ 摧，罪雷反，退也。郑读如"南山崔崔"之崔。

⑪ 愁，状由反。郑子小反，云：变色貌。

⑫ 介，音戒，大也。马同。

⑬ 援，于眷反，又音袁。

六三　众允。悔亡。

三不中正，宜有悔者，以其与下二阴皆欲上进，是以为众所信而"悔亡"也。

九四　晋如鼫[①]鼠，贞厉。

不中不正，以窃高位，贪而畏人，盖危道也，故为"鼫鼠"之象。占者如是，虽正亦"危"也。

六五　悔亡。失得[②]勿恤，往吉，无不利。

以阴居阳，宜有"悔"矣。以大明在上，而下皆顺从，故占者得之，则其"悔亡"。又一切去其计功谋利之心，则"往吉"而"无不利"也。然亦必有其德，乃应其占耳。

上九　晋其角。维用伐邑，厉[③]吉无咎，贞吝。

"角"，刚而居上，上九刚进之极，有其象矣。占者得之而以伐其私邑，则虽"危"而"吉"且"无咎"。然以极刚治小邑，虽得其正，亦可"吝"矣。

---

①　音石。《子夏传》作硕鼠。鼫鼠，五技鼠也。《本草》：蝼蛄，一名鼫鼠。

②　失得，如字。孟、马、郑、虞、王肃本作矢。马、王云：离为矢。虞云：矢，古誓字。

③　厉，严厉也。马、王肃云：危。

（明夷）

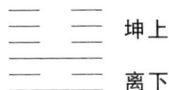

坤上
离下

明夷^①　利艰贞。

"夷"，伤也。为卦下离上坤，日入地中，明而见伤之象，故为明夷。又其上六为暗之主，六五近之，故占者利于艰难以守正，而自晦其明也。

初九　明夷^②于飞，垂其翼。君子于行，三日不食。有攸往，主人有言。

飞而垂翼，见伤之象。占者行而不食，所如不合，时义当然，不得而避也。

六二　明夷，夷于左股^③。用拯^④马壮，吉。

伤而未切，救之速则免矣，故其象占如此。

九三　明夷于南狩^⑤，得其大首。不可疾贞。

以刚居刚，又在明体之上，而屈于至暗之下，正与上六暗主为应，故有向^⑥明除害，得其首恶之象。然不可以亟也，故有"不可疾贞"之戒。成汤赴于夏台，文王兴于羑里，正合此爻之义，而小事亦有然者。

六四　入于左腹，获明夷之心，于出门庭。

---

①　明夷，夷，伤也。坎宫游魂卦。

②　夷，如字。《子夏》作睇。郑、陆同，云：旁视曰睇。京作睇。

③　左股，音古。马、王肃作般，云：旋也。日随天左旋也。姚作右髀，云：自辰右旋入丑。

④　拯，拯救之拯。

⑤　狩，手又反。本亦作守，同。

⑥　向，许亮反。

此爻之义未详。窃疑左腹者幽隐之处①，"获明夷之心于出门庭"者，得意于远去之义。言筮而得此者，其自处当如是也。盖离体为至明之德，坤体为至暗之地。下三爻明在暗外，故随其远近高下而处之不同。六四以柔正居暗地而尚浅，故犹可以得意于远去。五以柔中居暗地而已迫，故为内难正志以晦其明之象。上则极乎暗矣，故为自伤其明以至于暗，而又足以伤人之明。盖下五爻皆为君子，独上一爻为暗君也。

六五　箕子之明夷②。利贞。

居至暗之地，近至暗之君，而能正其志，箕子之象也，贞之至也。"利贞"，以戒占者。

上六　不明晦。初登于天，后入于地。

以阴居坤之极，不明其德以至于晦。始则处高位以伤人之明，终必至于自伤而坠厥命。故其象如此，而占亦在其中矣。

---

① 处，昌预反，下"其处"同。
② 箕子之明夷，蜀才箕作其。刘向云：今《易》箕子作荄滋。邹湛云：训箕为荄，诂子为滋，漫衍无经，不可致诘，以讥荀爽。

（家人）

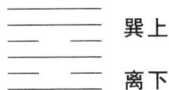

巽上

离下

家人^①　利女贞。

"家人"者，一家之人，卦之九五六二，外内各得其正，故为"家人"。"利女贞"者，欲选正乎内也。内正，则外无不正矣。

初九　闲有家。悔亡。

初九以刚阳处有家之始，能防闲之，其"悔亡"矣。戒占者当如是也。

六二　无攸遂。在中馈^②，贞吉。

六二柔顺中正，女之正位乎内者也，故其象占如此。

九三　家人嗃嗃^③，悔厉吉。妇子嘻嘻^④，终吝。

以刚居刚而不中，过乎刚者也，故有"嗃嗃"严厉之象。如是则虽有"悔厉"而"吉"也。"嘻嘻"者，"嗃嗃"之反，吝之道也。占者各以其德为应，故两言之。

六四　富家大吉。

阳主义，阴主利，以阴居阴而在上位，能"富"其"家"者也。

九五　王假^⑤有家。勿恤吉。

①　家人，《说文》：家居也。案人所居称家。《尔雅》"室内谓之家"是也。巽宫二世卦。

②　馈，巨愧反，食也。

③　嗃嗃，呼落反，又呼学反。马云：悦乐自得貌。郑云：苦热之意。荀作"确确"。刘作"熇熇"。

④　嘻嘻，喜悲反。马云：笑声。郑云：骄佚喜笑之意。张作"嬉嬉"。陆作"喜喜"。

⑤　假，更白反，注同，至也。郑云：登也。徐：古雅反。马云：大也。

"假"，至也。如假于太庙之假。"有家"，犹言有国也。九五刚健中正，下应六二之柔顺中正，王者以是至于其家，则勿用忧恤而"吉"可必矣。盖聘纳后妃①之吉占，而凡有是德者遇之，皆吉也。

上九　有孚威如，终吉。

上九以刚居上，在卦之终，故言正家久远之道。占者必有诚信严威则"终吉"也。

————————

① 妃，音配。

(睽)①

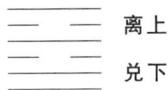

离上
兑下

睽 小事吉。

"睽"，乖异也。为卦上火下泽，性相违异，中女少女，志不同归，故为"睽"。然以卦德言之，内说②而外明。以卦变言之，则自离来者，柔进居三。自中孚来者，柔进居五。自家人来者兼之。以卦体言之，则六五得中而下应九二之刚。是以其占不可大事，而"小事"尚有"吉"之道也。

初九 悔亡。丧③马勿逐自复④。见恶人，无咎。

上无正应，有"悔"也。而居睽之时，同德相应，其"悔亡"矣，故有"丧马勿逐"而"自复"之象。然亦必见"恶人"，然后可以辟⑤咎，如孔子之于阳货也。

九二 遇主于巷⑥，无咎。

二五阴阳正应，居睽之时，乖戾不合，必委曲相求而得会遇，乃为"无咎"。故其象占如此。

---

① 睽，苦圭反。马、郑、王肃、徐、吕忱并音圭。《序卦》云：乖也。《杂卦》云：外也。《说文》云：目不相听也。艮宫四世卦。

② 说，音悦，注及后同。

③ 丧，息浪反，注同。

④ 复，音服，注同。

⑤ 辟，音避。

⑥ 巷，户绛反。《说文》云：里中道也。《广雅》云：居也。《字书》作衖。

六三　见舆曳①，其牛掣②。其人天③且劓④，无初有终。

六三上九正应，而三居二阳之间，后为二所"曳"，前为四所"掣"。而当睽之时，上九猜恨高深，故又有盈髡劓之伤。然邪不胜⑤正，终必得合，故其象占如此。

九四　睽孤，遇元夫⑥。交孚，厉无咎。

"睽孤"，谓无应。"遇元夫"，谓得初九。"交孚"，谓同德相信。然当睽时，故必"危"厉乃得"无咎"，占者亦如是也。

六五　悔亡。厥宗噬⑦肤，往何咎。

以阴居阳，"悔"也。居中得应，故能"亡"之。"厥宗"，指九二。"噬肤"，言易合。六五有柔中之德，故其象占如是。

上九　睽孤。见豕负涂，载鬼一车。先张之弧⑧，后说⑨弧⑩。匪寇婚媾⑪。往遇雨则吉。

"睽孤"，谓六三为二阳所制，而己以刚处明极、睽极之地，又自猜很⑫而乖离也。"见豕负涂"，见其污也。"载鬼一车"，以无为有也。"张弧"，欲射⑬之也。"说弧"，疑稍释也。"匪寇婚媾"，知其非寇而实亲也。"往遇雨则吉"，疑尽释而睽合也。上九之与六三，先睽后合，故其象占如此。

---

① 曳，以制反。

② 掣，昌逝反。郑作挈，云：牛角皆踊曰挈。徐市制反。《说文》作觢，之世反，云：角一俯一仰。子夏作挈，传云：一角仰也。荀作觭。刘本从《说文》，解依郑。

③ 天，天，剠也。马云：剠凿其额曰天。

④ 劓，鱼器反，截鼻也。王肃作劓。劓，鱼一反。

⑤ 胜，音升。

⑥ 元夫，如字。

⑦ 噬，市制反。

⑧ 弧，音胡，弓也。

⑨ 说，吐活反，注同。一音始锐反。

⑩ 弧，本亦作壶。京、马、郑、王肃、翟子玄作壶。

⑪ 媾，古豆反。

⑫ 很，胡恳反。

⑬ 射，食亦反。

（蹇）

```
☵ 坎上
☶ 艮下
```

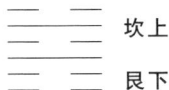

蹇[1]　利西南，不利东北。利见大人，贞吉。

"蹇"，难[2]也。足不能进，行之难[3]也。为卦艮下坎上，见险而止，故为"蹇"。"西南"平易[4]，"东北"险阻，又艮方也。方在蹇中，不宜走险。又卦自小过而来，阳进则往居五而得中，退则入于艮而不进，故其占曰"利西南"而"不利东北"。当蹇之时，必见"大人"，然后可以济难。又必守正，然后得"吉"。而卦之九五，刚健中正，有大人之象。自二以上[5]五爻，皆得正位，则又贞之义也，故其占又曰"利见大人，贞吉"。盖见险者贵于能止，而又不可终于止；处险者利于进，而不可失其正也。

初六　往蹇来誉。

"往"遇险，"来"得誉。

六二　王臣蹇蹇。匪躬之故。

柔顺中正，正应在上，而在险中，故"蹇"而又"蹇"，以求济之，非以其身之故也。不言吉凶者，占者但当鞠躬尽力而已，至于成败利钝则非所论也。

九三　往蹇来反。

反就二阴，得其所安。

---

① 蹇，纪免反。《彖》及《序卦》皆云：难也。王肃、徐纪偃反。兑宫四世卦。

② 难，乃旦反。

③ 难，乃旦反，卦内同。

④ 易，以豉反。

⑤ 上，时掌反。

六四　往蹇来连①。

连于九三，合力以济。

九五　大蹇朋来。

"大蹇"者，非常之蹇也。九五居尊，而有刚健中正之德，必有"朋来"而助者。占者有是德，则有是助矣。

上六　往蹇来硕，吉。利见大人。

已在卦极，往无所之，益以蹇耳。来就九五，与之济蹇，则有硕大之功。"大人"，指九五。晓占者宜如是也。

---

① 连，力善反。马云：亦难也。郑如字，迟久之意。

（解）

```
䷧  震上
    坎下
```

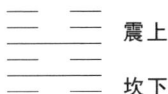

解① 利西南，无所往。其来复，吉。有攸往，夙吉。

"解"，难之散也。居险能动，则出于险之外矣，解之象也。难之既解，利于平易安静，不欲久为烦扰。且其卦自升来，三往居四，入于坤体，二居其所而又得中，故"利"于"西南"平易之地。若"无所往"，则宜来复其所而安静。若尚有所往，则宜早往早复，不可久烦扰也。

初六 无咎。

难既解矣，以柔在下，上有正应，何"咎"之有？故其占如此。

九二 田获三狐。得黄矢，贞吉。

此爻取象之意未详。或曰：卦凡四阴，除六五君位，余三阴，即"三狐"之象也。大抵此爻为卜田之吉占，亦为去邪媚而得中直之象。能守其正，则无不吉矣。

六三 负且乘②。致寇③至，贞吝。

《系辞》备矣。"贞吝"，言虽以正得之，亦可羞也。惟避而去之，为可免耳。

九四 解④而拇⑤。朋至斯孚。

"拇"，指初。初与四皆不得其位而相应，应之不以正者也。然

---

① 解，音蟹。《序卦》云：缓也。震宫二世卦。
② 乘，如字。王肃：绳证反。
③ 寇，徐或作戎。宋衷云：戎误。
④ 解，佳买反，注同。
⑤ 拇，茂后反。陆云：足大指。王肃云：手大指。荀作母。

四阳初阴，其类不同，若能解而去之，则君子之"朋至"而相信矣。

六五　君子维有解^①，吉。有孚于小人。

卦凡四阴，而六五当君位，与三阴同类者，必解而去之则"吉"也。"孚"，验也。君子"有解"，以小人之退为验也。

上六　公用射^②隼^③于高墉^④之上，获之。无不利。

《系辞》备矣。

---

① 解，音蟹，注"有解"及《象》并下注"为解之极"同。
② 射，食亦反，下注同。
③ 隼，荀尹反。《毛诗草木鸟兽疏》云：鹞。
④ 墉，音容。马云：城也。

（损）

```
☷☱  艮上
     兑下
```

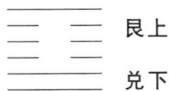

损① 有孚，元吉。无咎，可贞。利有攸往。

"损"，减省也。为卦损下卦上画之阳，益上卦上画之阴。损兑泽之深，益艮山之高。损下益上，损内益外，剥民奉君之象，所以为损也。损所当损，而有孚信，则其占当有此下四者之应矣。

曷②之用，二簋③可用享④。

言当损时，则至薄无害。

初九 已⑤事遄⑥往，无咎，酌损之。

初九当损下益上之时，上应六四之阴，辍所为之事而速往以益之，"无咎"之道也，故其象占如此。然居下而益上，亦当斟酌其浅深也。

九二 利贞，征凶。弗损益之。

九二刚中，志在自守，不肯妄进，故占者"利贞"，而"征"则"凶"也。"弗损益之"，言不变其所守，乃所以益上也。

六三 三人行，则损一人。一人行，则得其友。

下卦本乾，而损上爻以益坤，"三人行"而"损一人"也。一阳上而一阴下，"一人行"而"得其友"也。两相与则专，三则杂而乱，卦有此象，故戒占者当致一也。

---

① 损，孙本反，亏减之义也，又训失。《序卦》云"缓必有所失"是也。艮宫三世卦。

② 曷，何葛反。

③ 簋，蜀才作轨。

④ 享，香两反，下同。蜀才许庚反。

⑤ 已，音以，本亦作以。虞作祀。

⑥ 遄，市专反，速也。荀作颛。

六四　损其疾。使遄有喜，无咎。

以初九之阳刚益己，而损其阴柔之疾，惟速则善。戒占者如是，则"无咎"也。

六五　或益之，十朋之龟。弗克违，元吉。

柔顺虚中，以居尊位，当损之时，受天下之益者也。两龟为朋，"十朋之龟"，大宝也。或以此益之而不能辞，其吉可知。占者有是德，则获其应也。

上九　弗损益之，无咎贞吉。利有攸往，得臣无家。

上九当损下益上之时，居卦之上，受益之极，而欲自损以益人也。然居上而益下，有所惠而不费^①者，不待损自己，然后可以益人也。能如是则无咎。然亦必以正则吉，而利有所往，惠而不费，其惠广矣，故又曰"得臣无家"。

---

①　费，芳贵反。

（益）

巽上

震下

益① 利有攸往，利涉大川。

"益"，增益也。为卦损上卦初画之阳，益下卦初画之阴，自上卦而下于下卦之下，故为"益"。卦之九五、六二，皆得中正。下震上巽，皆木之象，故其占利有所往，而"利涉大川"也。

初九 利用为大作，元吉。无咎。

初虽居下，然当益下之时，受上之益者也。不可徒然无所报效，故"利用为大作"，必"元吉"然后得"无咎"。

六二 或益之，十朋之龟。弗克违，永贞吉。王用享②于帝，吉。

六二当益下之时，虚中处下，故其象占与《损六五》同。然爻位皆阴，故以"永贞"为戒。以其居下而受上之益，故又为卜郊之吉占。

六三 益之用凶事，无咎。有孚中行，告公用圭③。

六三阴柔不中不正，不当得益者也。然当益下之时，居下之上，故有益之以凶事者。盖警④戒震动，乃所以益之也。占者如此，然后可以"无咎"，又戒以"有孚中行"而"告公用圭"也。"用圭"，所以通信。

六四 中行。告公从，利用为依迁国。

---

① 益，增长之名，又以弘裕为义。《系辞》云："益长裕而不设"是也。巽宫三世卦。

② 享，香两反。

③ 用圭，王肃作"用桓圭"。

④ 警，京领反。

三四皆不得中，故皆以"中行"为戒。此言以益下为心，而合于"中行"，则"告公"而见"从"矣。《传》曰："周之东迁，晋郑焉依。"盖古者迁国以益下，必有所依，然后能立。此爻又为迁国之吉占也。

九五　有孚惠心，勿问，元吉。有孚惠我德。

上有信以惠于下，则下亦有信以惠于上矣，不问而"元吉"可知。

上九　莫益之，或击之。立心勿恒，凶。

以阳居益之极，求益不已，故"莫益"而"或击之"。"立心勿恒"，戒之也。

（夬）

```
═══ ═══   兑上
═══════
═══════   乾下
═══════
```

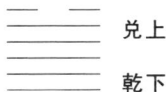

夬① 扬于王庭。孚号有厉。告自邑，不利即戎。利有攸往。

"夬"，决也，阳决阴也，三月之卦也。以五阳去一阴，决之而已。然其决之也，必正名其罪，而尽诚以呼号其众②，相与合力。然亦尚有危厉，不可安肆，又当先治其私，而不可专尚威武，则利有所往也。皆戒之之辞。

初九 壮于前趾③。往不胜，为咎。

"前"，犹进也。当决之时，居下任壮，不胜宜矣，故其象占如此。

九二 惕④号⑤。莫⑥夜有戎，勿恤。

九二当决之时，刚而居柔，又得中道，故能忧惕号呼⑦以自戒备。而"莫夜有戎"，亦可无患也。

九三 壮于頄，有凶。君子夬夬，独行遇雨。若濡有愠⑧，无咎。

---

① 夬，古快反，决也。坤宫五世卦。
② 众，荀作终。
③ 趾，荀作止。
④ 惕，敕历反。荀、翟作锡，云：赐也。
⑤ 号，户羔反，注及下同。郑、王廙音号。
⑥ 莫，音暮，注同。郑如字，云：无也。无夜非一夜。
⑦ 号呼，火故反。
⑧ 有愠，纡运反，恨也，旧于问反。

"頄①"，颧也。九三当决之时，以刚而过乎中，是欲决小人，而刚壮见于面目也。如是则有凶道矣。然在众阳之中，独与上六为应。若能果决其决，不系私爱，则虽合于上六，如"独行遇雨"，至于"若濡②"，而为君子所愠，然终必能决去小人而无所咎也。温峤之于王敦，其事类此。

九四　臀③无肤，其行④次⑤且。牵⑥羊悔亡，闻言不信。

以阳居阴，不中不正，居则不安，行则不进，若不与⑦众阳竞进而安出其后，则可以"亡"其"悔"。然当决之时，志在上进，必不能也。占者闻言而信，则转凶而吉矣。"牵羊"者，当其前则不进，纵之使前而随其后，则可以行矣。

九五　苋⑧陆⑨夬夬，中行无咎。

"苋陆"，今马齿苋，感阴气之多者。九五当决之时，为决之主，而切⑩近上六之阴，如"苋陆"然。若决而决之，而又不为过暴，合于"中行"，则"无咎"矣。戒占者当如是也。

上六　无号，终有凶。

阴柔小人，居穷极之时，党类已尽，无所号呼，终必"有凶"也。占者有君子之德，则其敌当之，不然反是。

---

① 頄，求龟反，颧也。又音求，又丘伦反。翟云：面颧颊间骨也。郑作頯。頯，夹面也。王肃音龟。江氏音琴威反。蜀才作仇。

② 濡，而朱反。

③ 臀，徐：徒敦反。

④ 行，下孟反。

⑤ 次，本亦作趑，或作跂，《说文》及郑作趀，同七私反，注下同。马云：却行不前也。《说文》：仓卒也。下卦仿此。

⑥ 牵，苦年反。子夏作掔。

⑦ 与，音预。

⑧ 苋，闲辩反。三家音胡练反。一本作莞，华板反。

⑨ 陆，如字。马、郑云：苋陆，商陆也。宋衷云：苋，苋菜也；陆，当陆也。虞云：苋，莞也；陆，商也。蜀才作睦。睦，亲也，通也。

⑩ 切，如字。徐：巨靳反。郑云：切急也。

（姤）

乾上
巽下

　　姤^①　女壮，勿用取女。

　　"姤"，遇也。决尽则为纯乾，四月之卦。至姤然后一阴可见，而为五月之卦，以其本非所望，而卒然值之，如不期而遇者，故为遇。遇已非正，又一阴而遇五阳，则女德不贞而壮之甚也。取以自配，必害乎阳，故其象占如此。

　　初六　系于金柅^②，贞吉。有攸往，见凶。羸^③豕孚蹢^④躅^⑤。

　　"柅"，所以止车，以金为之，其刚可知。一阴始生，静正则吉，往进则凶。故以二义戒小人，使不害于君子，则有吉而无凶。然其势不可止也，故以"羸豕""蹢躅"晓君子，使深为之备云。

　　九二　包^⑥有鱼。无咎，不利宾^⑦。

　　"鱼"，阴物。二与初遇，为"包有鱼"之象。然制之在己，故

　　① 姤，古豆反。薛云：古文作遘。郑同。《序卦》及《彖》皆云：遇也。乾宫一世卦。

　　② 柅，徐乃履反，又女纪反。《广雅》云：止也。《说文》作檷，云：络丝跌也，读若昵。《字林》音乃米反。王肃作抳，从手。子夏作铌。蜀才作尼，止也。

　　③ 羸，劣随反。王肃同。郑：力追反。陆：读为累。

　　④ 蹢，直戟反。徐治益反。一本作踯。古文作蹢。

　　⑤ 躅，直录反。本亦作躅。蹢躅，不静也。古文作蹹。

　　⑥ 包，本亦作庖，同，白交反，下同。郑：百交反。虞云：白茅苞之。荀作胞。

　　⑦ 宾，如字。

犹可以"无咎"。若不制而使遇于众，则其为害广矣。故其象占如此。

九三　臀^①无肤，其行^②次且。厉，无大咎。

九三过刚不中，下不遇于初，上无应于上，居则不安，行则不进，故其象占如此。然既无所遇，则无阴邪之伤，故虽危"厉"而"无大咎"也。

九四　包无鱼，起凶。

初六正应，已遇于二，而不及于己，故其象占如此。

九五　以杞^③包瓜^④，含章。有陨自天。

"瓜"，阴物之在下者，甘美而善溃。"杞"，高大坚实之木也。五以阳刚中正主卦于上，而下防始生必溃之阴，其象如此。然阴阳迭^⑤胜，时运之常，若能含晦章美，静以制之，则可以回造化矣。"有陨自天"，本无而倏有之象也。

上九　姤其角。吝，无咎。

"角"，刚乎上者也。上九以刚居上而无位，不得其遇，故其象占与九三类。

---

①　臀，徒敦反。

②　其行，下孟反，注同。

③　杞，音起。张云：苟杞。马云：大木也。郑云：柳也。薛云：柳柔韧木也。并同。

④　包瓜，子夏作苞。马、郑：百交反。瓜音王花反。

⑤　迭，田节反。

（萃）

```
兑上
坤下
```

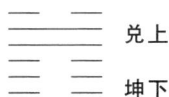

萃① 亨②。王假③有庙。利见大人，亨，利贞。用大牲吉，利有攸往。

"萃"，聚也。坤顺兑说，九五刚中而二应之，又为泽上④于地，万物萃聚之象，故为萃。"亨"字衍文。"王假有庙"，言王者可以至乎宗庙之中，王者卜祭之吉占也。《祭义》曰"公假于太庙"是也。庙所以聚祖考之精神，又人必能聚己之精神，则可以至于庙而承祖考也。物既聚，则必"见大人"而后可以得"亨"。然又必利于正。所聚不正，则亦不能亨⑤也。大牲必聚而后有，聚则可以有所往，皆占吉而有戒之辞。

初六 有孚不终，乃乱乃萃。若号⑥，一握⑦为笑。勿恤，往无咎。

初六上应九四，而隔于二阴，当萃之时，不能自守，是"有孚"而"不终"，志乱而妄聚也。若呼号正应，则众以为笑。但"勿恤"而往从正应，则"无咎"矣。戒占者当如是也。

---

① 萃，在季反。《彖》及《序卦》皆云：聚也。兑宫二世卦。

② 亨，王肃本同。马、郑、陆、虞等并无此字。

③ 假，更白反。

④ 上，时掌反。

⑤ 亨，许庚反。

⑥ 若号，绝句。户报反。马、郑、王肃、王廙户羔反。

⑦ 一握，乌学反。傅氏作渥。郑云：握当读为"夫三为屋"之屋。蜀才同。

六二　引吉，无咎。孚乃利用禴[1]。

二应五而杂于二阴之间，必牵引以萃，乃"吉"而"无咎"。又二中正柔顺，虚中以上[2]应。九五刚健中正，诚实而下交，故卜祭者有其孚诚，则虽薄物亦可以祭矣。

六三　萃如，嗟如。无攸利，往无咎，小吝。

六三阴柔，不中不正，上无应与，欲求萃于近而不得，故"嗟如"而无所利。惟往从于上，可以"无咎"。然不得其萃，困然后往，复得阴极无位之爻，亦小可羞矣。戒占者当近舍不正之强[3]援，而远结正应之穷交，则"无咎"也。

九四　大吉。无咎。

上比[4]九五，下比众阴，得其萃矣。然以阳居阴不正，故戒占者必"大吉"，然后得"无咎"也。

九五　萃有位，无咎。匪孚，元永贞，悔亡。

九五刚阳中正，当萃之时而居尊，固"无咎"矣。若有未信，则亦修其"元永贞"之德而"悔亡"矣。戒占者当如是也。

上六　赍[5]咨[6]涕[7]洟[8]，无咎。

处萃之终，阴柔无位，求萃不得。故戒占者必如是，而后可以"无咎"也。

---

①　禴，羊略反。殷春祭名。马、王肃同。郑云：夏祭名。蜀才作跃。刘作爚。

②　上，时掌反。

③　强，其良反。

④　比，毗志反。

⑤　赍，徐：将池反。王肃：将啼反。

⑥　咨，音谘，又将利反。赍咨，嗟叹之辞也。郑同。马云：悲声，怨声。

⑦　涕，徐：音体。

⑧　洟，他丽反，又音夷。郑云：自目曰涕，自鼻曰洟。

（升）

```
☷  坤上
☴  巽下
```

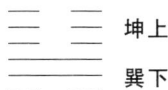

升① 元亨。用见大人②，勿恤。南征吉。

"升"，进而上③也。卦自解来，柔上居四，内巽外顺，九二刚中而五应之，是以其占如此。"南征"，前进也。

初六 允升。大吉。

初以柔顺居下，巽之主也。当升之时，巽于二阳，占者如之，则信能升而"大吉"矣。

九二 孚乃利用禴④。无咎。

义见萃卦。

九三 升虚⑤邑。

阳实阴虚，而坤有国邑之象。九三以阳刚当升时，而进临于坤，故其象占如此。

六四 王用亨⑥于岐⑦山。吉，无咎。

义见随卦。

六五 贞吉。升阶。

以阴居阳，当升而居尊位，必能正固，则可以得吉而升阶矣。

---

① 升，式陵反。《序卦》云：上也。上音时掌反。郑本作昇。马云：高也。震宫四世卦。

② 用见大人，本或作"利见"。

③ 而上，时掌反，上"上行"同。

④ 禴，羊略反，祭之薄者。

⑤ 升虚，如字，空也。徐去余反。马云：丘也。

⑥ 亨，许庚反，通也。马、郑、陆、王肃：许两反。马云：祭也。郑云：献也。

⑦ 岐，其宜反，或祁支反。

"阶"，升之易①者。

上六　冥②升。利于不息之贞。

以阴居升极，昏冥不已者也。占者遇此，无适而利，但可反其不已于外之心，施之于不息之正而已。

---

① 易，以豉反，注同。
② 冥，觅经反，暗昧之义也，注同。又云：日冥也。

（困）

```
═══ ═══    兑上
═══════
═══ ═══    坎下
```

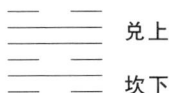

困① 亨。贞，大人吉。无咎。有言不信。

"困"者，穷而不能自振之义。坎刚为兑柔所掩②，九二为二阴所掩，四五为上六所掩，所以为"困"。坎险兑说，处险而说③，是身虽困而道则亨也。二五刚中，又有"大人"之象，占者处困能"亨"，则得其正矣。非"大人"其孰能之？故曰"贞"。又曰"大人"者，明不正之小人不能当也。"有言不信"，又戒以当务晦默，不可尚口，益取困穷。

初六 臀困于株④木。入于幽谷⑤，三岁不觌⑥。

"臀"，物之底也。"困于株木"，伤而不能安也。初六以阴柔处困之底，居暗之甚，故其象占如此。

九二 困于酒食，朱绂⑦方来。利用亨⑧祀，征凶，无咎。

"困于酒食"，厌饫苦恼之意。"酒食"人之所欲，然醉饱过宜，则是反为所困矣。"朱绂方来"，上应之也。九二有刚中之德，以处困时，虽无凶害，而反困于得其所欲之多。故其象如此，而其占利

---

① 困，穷也，穷悴掩蔽之义。故《象》云：刚掩也。《广雅》云：困，悴也。兑宫一世卦。

② 掩，本又作揜，于检反。

③ 说，音悦，注下皆同。

④ 株，张愚反。

⑤ 谷，徐：古木反。

⑥ 觌，大历反，见也，注同。

⑦ 绂，音弗，下同。

⑧ 亨，许两反，注同。

以享祀。若征行则非其时，故"凶"，而于义为"无咎"也。

六三　困于石，据于蒺①藜②。入于其宫，不见其妻，凶。

阴柔而不中正，故有此象，而其占则凶。"石"，指四。"蒺藜"，指二。"宫"谓三，而妻则六也。其义则《系辞》备矣。

九四　来徐徐③，困于金车④。吝，有终。

初六、九四之正应，九四处位不当，不能济物，而初六方困于下，又为九二所隔，故其象如此。然邪不胜正，故其占虽为可"吝"，而必有终也。"金车"为九二，象未详，疑坎有轮象也。

九五　劓⑤刖⑥，困于赤绂。乃徐有说，利用祭祀⑦。

"劓刖"者，伤于上下。下既伤，则赤绂无所用而反为困矣。九五当困之时，上为阴掩，下则乘刚，故有此象。然刚中而说⑧体，故能迟久而有说也。占具象中，又利用祭祀，久当获福。

上六　困于葛藟⑨，于臲⑩卼⑪。曰⑫动悔，有悔，征吉。

以阴柔处困极，故有"困于葛藟，于臲卼，曰动悔"之象。然物穷则变，故其占曰：若能"有悔"，则可以"征"而"吉"矣。

————————

① 蒺，音疾。

② 藜，音梨。蒺藜，茨草。

③ 徐徐，疑惧貌。马云：安行貌。子夏作"荼荼"。翟同。荼，音图，云内不定之意。王肃作"余余"。

④ 金车，本亦作"金舆"。

⑤ 劓，徐：鱼器反。

⑥ 刖，徐五刮反，又音月。荀、王肃本"劓刖"作"臲卼"，云不安貌。陆同。郑云："劓刖"当为"倪仉"。京作"劓劊"。案《说文》：劊断也。

⑦ 本亦作"享祀"。

⑧ 说，音悦，注皆同。

⑨ 藟，力轨反。似葛之草本，又作蘽。《毛诗草木疏》云：一名巨荒，似蘡薁连蔓而生，幽州人谓之推蘽。

⑩ 臲，五结反。王肃妍哲反。《说文》作剌，牛列反。薛同。

⑪ 卼，五骨反，又音月。《说文》作㐀，云：㐀，不安也。薛又作杌，字同。

⑫ 曰，音越。向云：言其无不然。

（井）

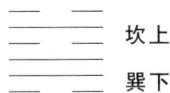

坎上

巽下

井①　改邑不改井，无丧②无得，往来井井，汔③至亦未繘井，羸其瓶，凶。

"井"者，穴地出水之处。以巽④木入乎坎水之下，而上出其水，故为井。"改邑不改井"，故"无丧无得"，而"往"者"来"者，皆"井"其"井"也。"汔"，几⑤也。"繘"绠也。"羸"，败也。汲井几⑥至，未尽绠而败其瓶，败凶也。其占为事仍旧无得丧，而又当敬勉，不可几成而败也。

初六⑦　井泥不食。旧井无禽。

井以阳刚为泉，上出为功，初六以阴居下，故为此象。盖井不泉而泥，则人所"不食"，而禽鸟亦莫之顾矣。

九二　井谷⑧射⑨鲋⑩，瓮敝⑪漏。

---

①　井，精领反。《杂卦》云：通也。《象》云：养而不穷。《周书》云：黄帝穿井。《世本》云：化益作井。宋衷云：化益，伯益也，尧臣。《广雅》云：井，深又。郑云：井，法也。《字林》作井，子挺反。周云井以不安更为义。师说井以清洁为义。震宫五世卦。

②　丧，息浪反。

③　汔，徐许讫反，注同，几也。王肃音其乞反。

④　巽，音逊。郑云：当作逊。

⑤　几，如字。本或作机。郑云：机当作几。几，微也。

⑥　几，音祈，或音机。

⑦　泥，乃计反，注及下同。

⑧　谷，古木反，又音浴。

⑨　射，食亦反，注同。徐食夜反。郑、王肃皆音亦，云：厌也。荀作耶。

⑩　鲋，音付，鱼名也。《子夏传》谓虾蟆。

⑪　敝，婢世反。王肃、徐扶灭反。

九二刚中，有泉之象，然上无正应，下比初六，功不上①行，故其象如此。

九三　井渫②不食，为我心恻③，可用汲④。王明，并受其福。

"渫"，不停污也。"井渫不食"而使人"心恻"，"可用汲"矣。"王明"，则汲井以及物，而施者受者"并受其福"也。九三以阳居阳，在下之上，而未为时用，故其象占如此。

六四　井甃⑤无咎。

以六居四，虽得其正，然阴柔不泉，则但能修治而无及物之功，故其象为"井甃"，而占则"无咎"。占者能自修治，则虽无及物之功，而亦可以"无咎"矣。

九五　井洌⑥寒泉食。

"洌"，洁也。阳刚中正，及于物，故为此象。占者有其德，则契其象也。

上六　井收⑦勿幕⑧。有孚元吉。

"收，汲取也。晁氏云："收，鹿卢收缡者也。"亦通。"幕"，蔽覆也。"有孚"，谓其出有源而不穷也。井以上出为功，而坎口不掩，故上六虽非阳刚，而其象如此。然占者应之，必"有孚"乃"元吉"也。

① 上，时掌反，凡"上行"皆同。
② 渫，息列反。徐：又食列反。黄云：治也。
③ 恻，初力反。《说文》云：痛也。
④ 汲，音急。
⑤ 甃，侧旧反。马云：为瓦裹下达上也。
⑥ 洌，音列，洁也。《说文》云：水清也。王肃音例。
⑦ 收，徐诗救反。又如字。马云：汲也。陆云：井干也。荀作甃。
⑧ 幕，音莫，覆也。干本勿作网。

（革）

```
━━ ━━  兑上
━━━━
━━━━
━━━━
━━ ━━  离下
━━━━
```

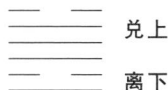

革[①]　巳日乃孚，元亨，利贞。悔亡。

“革”，变革也。兑泽在上，离火在下，火燃则水干，水决则火灭。中少二女，合为一卦，而少上中下，志不相得，故其卦为革也。变革之初，人未之信，故必“巳日”而后信。又以其内有文明之德，而外有和说之气，故其占为有所更革，皆大亨而得其正。所革皆当，而所革之“悔亡”也。一有不正，则所革不信不通，而反有悔矣。

初九　巩用黄牛之革。

虽当革时，居初无应，未可有为，故为此象。“巩”，固也。“黄”，中色。“牛”，顺物。革所以固物，亦取卦名而义不同也。其占为当坚确固守，而不可以有为。圣人之于变革，其谨如此。

六二　巳日乃革之。征吉，无咎。

六二柔顺中正，而为文明之主，有应于上，于是可以革矣。然必“巳日”然后革之，则“征吉”而“无咎”，戒占者犹未可遽变也。

九三　征凶，贞厉。革言三就，有孚。

过刚不中，居离之极，躁动于革者也，故其占有“征凶贞厉”之戒。然其时则当革，故至于“革言三就”，则亦“有孚”而可革也。

九四　悔亡。有孚改命，吉。

以阳居阴故有“悔”，然卦已过中，水火之际，乃革之时，而刚柔不偏，又革之用也，是以“悔亡”。然又必“有孚”然后革，

----

①　革，马、郑云：改也。坎宫四世卦。

乃可获"吉"。明占者有其德而当其时，又必有信，乃"悔亡"而得"吉"也。

九五　大人虎变。未占有孚。

"虎"，大人之象。"变"，谓希革而毛毨也。在大人则自新新民之极，顺天应人之时也。九五以阳刚中正为革之主，故有此象。占而得此，则有此应，然亦必自其未占之时，人已信其如此，乃足以当之耳。

上六　君子豹变，小人革面。征凶，居贞吉。

革道已成，君子如豹之变，小人亦革面以听从矣。不可以往，而居正则"吉"。变革之事，非得已者，不可以过，而上六之才，亦不可以有行也，故占者如之。

（鼎）

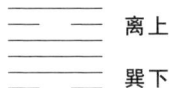

离上

巽下

鼎① 元吉，亨。

"鼎"，烹饪②之器，为卦下阴为足，二三四阳为腹，五阴为耳，上阳为铉，有鼎之象。又以巽木入离火而致烹饪，鼎之用也。故其卦为鼎。下巽，巽也。上离为目而五为耳，有内巽顺而外聪明之象。卦自巽来，阴进居五，而下应九二之阳，故其占曰"元亨"。"吉"，衍文也。

初六 鼎颠趾。利出③否④，得妾以其子，无咎。

居鼎之下，鼎趾之象也。上应九四则"颠"矣。然当卦初，鼎未有实，而旧有否恶之积焉。因其颠而出之，则为利矣。得妾而因得其子，亦扰是也。此爻之象如此，而其占"无咎"。盖因败以为功，因贱以致贵也。

九二 鼎有实。我仇⑤有疾，不我能即。吉。

以刚居中，"鼎有实"之象也。"我仇"，谓初。阴阳相求而非正，则相陷于恶⑥而为仇矣。二能以刚中自守，则初虽近，不能以就之矣。是以其象如此，而其占为如是则"吉"也。

---

① 鼎，丁冷反，法象也，即鼎器也。离宫二世卦。
② 饪，入甚反，熟也。徐而鸩反。
③ 出，徐：尺遂反。或如字，注及下同。
④ 否，悲已反，恶也，注及下同。
⑤ 仇，音求，匹也。郑云：怨耦曰仇。
⑥ 恶，乌路反。

九三　鼎耳革，其行①塞②，雉膏③不食④。方雨亏悔，终吉。

以阳居鼎腹之中，本有美实者也。然以过刚失中，越五应上，又居下之极，为变革之时，故为鼎耳方革而不可举移。虽承上卦文明之腴，有"雉膏"之美，而不得以为人之食⑤。然以阳居阳，为得其正，苟能自守，则阴阳将和，而失其悔矣。占者如是，则初虽不利，而"终"得"吉"也。

九四　鼎折⑥足，覆⑦公𫗧⑧。其形渥⑨，凶。

晁氏曰："形渥"，诸本作"刑剭"，谓重刑也，今从之。九四居上任重者也，而下应初六之阴，则不胜⑩其任矣。故其象如此，而其占凶也。

六五　鼎黄耳金铉⑪。利贞。

五于象为耳，而有中德，故云"黄耳"。"金"，坚刚之物。"铉"，贯耳以举鼎者也。五虚中以应九二之坚刚，故其象如此。而其占则利在贞固而已。或曰"金铉"以上九而言，更详之。

上九　鼎玉铉。大吉，无不利。

上于象为"铉"，而以阳居阴，刚而能温，故有"玉铉"之象，而其占为"大吉无不利"。盖有是德，则如其占也。

----

①　其行，下孟反，《象》并注皆同。

②　塞，悉则反。

③　雉膏，如字。郑云：雉膏，食之美者。

④　食，如字，又音嗣。

⑤　食，音嗣，饭也。

⑥　折，之舌反，注同。

⑦　覆，芳六反。

⑧　𫗧，送鹿反。虞云：八珍之具也。马云：键也。键音之然反。郑云：菜也。

⑨　渥，于角反，沾也。郑作剭，音屋。

⑩　胜，音升。

⑪　铉，玄典反，徐：又古玄反，又古冥反，一音古萤反。马云：铉，扛鼎而举之也。

(震)

```
☳ ☳  震上
☳ ☳  震下
```

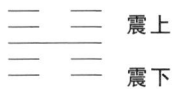

震① 亨。震来虩虩，笑言哑哑。震惊百里，不丧
匕鬯。

"震"，动也。一阳始生于二阴之下，震而动也。其象为雷，其
属为长②子。震有亨道，"震来"，当震之来时也。"虩虩"，恐惧惊
顾之貌。"震惊百里"，以雷言。"匕"，所以举鼎实；"鬯"，以秬黍
酒和郁金，所以灌③地降神者也。"不丧匕鬯"，以长子言也。此卦
之占，为能恐惧则致福，而不失其所主之重。

初九 震来虩虩，后笑言哑哑。吉。

威震之主，处震之初，故其占如此。

六二 震来厉，亿④丧⑤贝⑥，跻⑦于九陵。勿逐，七
日得。

六二乘初九之刚，故当震之来而危厉也。"亿"字未详，又当
丧其货贝，而升于九陵之上。然柔顺中正，足以自守，故不求而自
获也。此爻占具象中，但"九陵""七日"之象，则未详耳。

六三 震苏苏⑧。震行无眚⑨。

---

① 震，止慎反，动也。八纯卦，象雷。
② 长，丁丈反，下皆同。
③ 灌，官唤反。
④ 亿，本又作噫，同于其反，辞也，六五同。郑于力反，云：十万曰亿。
⑤ 丧，息浪反，注同。荀如字。
⑥ 贝，如字。荀音败。
⑦ 跻，本又作隮西反，升也。
⑧ 苏苏，疑惧貌。王肃云：躁动貌。郑云：不安也。马云：尸禄素餐貌。
⑨ 眚，生领反。

"苏苏"，缓散自失之状。以阴居阳，当震时而居不正，是以如此。占者若因惧而能行，以去其不正，则可以"无眚"矣。

九四　震遂泥①。

以刚处柔，不中不正，陷于二阴之间，不能自震也。"遂"者，无反之意。"泥"，滞溺也。

六五　震往来厉。亿无丧有事。

以六居五而处震时，无时而不危也。以其得中，故无所丧而能"有事"也。占者不失其中，则虽危"无丧"矣。

上六　震索索②，视③矍矍④，征凶。震不于其躬于其邻，无咎。婚媾⑤有言。

以阴柔处震极，故为"索索""矍矍"之象。以是而行，其凶必矣。然能及其震未及其身之时，恐惧修省，则可以"无咎"，而亦不能免于"婚媾"之"有言"。戒占者当如是也。

---

① 泥，乃计反，下同。荀本遂作队，泥音乃低反。

② 索索，桑洛反，注及下同，惧也。马云：内不安貌。郑云：犹缩缩，足不正也。

③ 视，如字。徐市至反。

④ 矍矍，俱缚反。徐许缚反。马云：中未得之貌。郑云：目不正。

⑤ 媾，古豆反。

（艮）

```
☶ 艮上
  艮下
```

艮^①其背^②，不获其身。行其庭，不见其人。无咎。

"艮"，止也。一阳止于二阴之上，阳自下升，极上而止也。其象为山，取坤地而隆其上之状，亦止于极而不进之意也。其占则必能止于背而不有"其身"，"行其庭而不见其人"，乃"无咎"也。盖身动物也，惟背为止，"艮其背"，则止于所当止也，止于所当止，则不随身而动矣，是不有其身也。如是则虽行于庭除有人之地，而亦不见其人矣。盖"艮其背"而"不获其身"者，止而止也。"行其庭"而"不见其人"者，行而止也。动静各止其所，而皆主夫^③静焉，所以得"无咎"也。

初六　艮其趾^④。无咎，利永贞。

以阴柔居艮初，为艮趾之象。占者如之则"无咎"，而又以其阴柔，故又戒其"利永贞"也。

六二　艮其腓^⑤。不拯其随，其心不快^⑥。

六二居中得正，既止其腓矣。三为限，则腓所随也。而过刚不中，以止乎上，二虽中正，而体柔弱^⑦，不能往而拯之，是以其心不快也。此爻占在象中，下爻放此。

---

① 艮，根恨反，止也。郑云：艮之言很也。八纯卦，象山。

② 背，必内反，徐甫载反。

③ 夫，音扶。

④ 趾，如字。荀作止。

⑤ 腓，符非反。本又作腓，义同《咸》卦同。

⑥ 快，苦夬反。

⑦ 弱，本亦作溺，并依字读，下"救其弱"、"拯弱"皆同。

九三　艮其限^①。列其夤^②，厉薰^③心。

"限"，身上下之际，即腰胯也。"夤"，膂也。止于腓，则不进而已。九三以过刚不中，当限之处，而艮其限，则不得屈伸，而上^④下判隔，如"列其夤"矣。危厉"薰心"，不安之甚也。

六四　艮其身。无咎。

以阴居阴，时止而止，故为"艮其身"之象，而占得"无咎"也。

六五　艮其辅。言有序，悔亡。

六五当辅之处，故其象如此，而其占"悔亡"也。"悔"，谓以阴居阳。

上九　敦艮。吉。

以阳刚居止之极，敦厚于止者也。

---

① 限，马云：限，要也。郑、荀、虞同。

② 夤，引真反。马云：夹脊肉也。郑本作腄。徐本又音胤。荀作肾，云：互体有坎，坎为肾。

③ 薰，许云反。荀作动，云：互体有震，震为动。

④ 上，时掌反。

（渐）

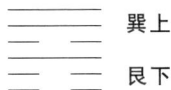

巽上
艮下

渐① 女归。吉，利贞。

"渐"，渐进也。为卦止于下而巽于上，为不遽进之义，有"女归"之象焉。又自二至五，位皆得正，故其占为"女归吉"，而又戒以"利贞"也。

初六 鸿渐于干②。小子厉，有言，无咎。

鸿之行③有序，而进有渐。"干"，水涯也。始进于下，未得所安，而上复无应，故其象如此。而其占则为"小子厉"，虽"有言"，而于义则"无咎"也。

六二 鸿渐于磐④。饮食衎衎⑤，吉。

"磐"，大石也。渐远于水，进于干而益安矣。"衎衎"，和乐意。六二柔顺中正，进以其渐，而上有九五之应，故其象如此，而占则"吉"也。

九三 鸿渐于陆⑥。夫征不复，妇孕⑦不育，凶。利御寇。

"鸿"，水鸟，陆非所安也。九三过刚不中而无应，故其象如此。而其占夫征则不复，"妇孕"则"不育"，"凶"莫甚焉，然以

---

① 渐，捷检反。以之前为义，即阶渐之道。艮宫归魂卦。

② 干，如字。郑云：干，水傍，故停水处。陆云：水畔称干。《毛传诗》云：涯也。又云：涧也。荀、王肃云：山间涧水也。翟云：涯也。

③ 行，下孟反。

④ 磐，畔干反，山石之安也。马云：山中磐纡。

⑤ 衎衎，苦旦反。马云：饶行。

⑥ 陆，陆高之顶也。马云：山上高平曰陆。

⑦ 孕，以证反。《说文》云：怀子曰孕，弋甑反。郑云：犹娠也。荀作乘。

其过刚也，故"利御寇"。

六四　鸿渐于木。或得其桷^①，无咎。

鸿不木栖，"桷"，平柯也，或得平柯，则可以安矣。六四乘刚而顺巽，故其象如此。占者如之，则"无咎"也。

九五　鸿渐于陵。妇三岁不孕，终莫之胜，吉。

"陵"，高阜也。九五居尊，六二正应在下，而为三四所隔。然终不能夺其正也，故其象如此，而占者如是则"吉"也。

上九　鸿渐于陆。其羽可用为仪，吉。

胡氏程氏皆云："陆"当作"逵"，谓云路也。今以韵读之良是。"仪"，羽旄旌纛之饰也。上九至高，出乎人位之外，而其羽毛可用以为仪饰，位虽极高而不为无用之象，故其占为如是则"吉"也。

---

① 桷，音角。翟云：方曰桷。桷，椽也。马、陆云：桷，榱也。《说文》云：秦曰榱，周谓之椽，齐鲁谓之桷。

（归妹）

```
☷ ☳  震上
☱     兑下
```

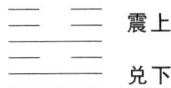

归妹^①　征凶，无攸利。

妇人谓嫁曰"归"。"妹"，少^②女也。兑以少女而从震之长^③男，而其情又为以说^④而动，皆非正也，故卦为归妹。而卦之诸爻，自二至五，皆不得正。三五又皆以柔乘刚，故其占"征凶"而无所利也。

初九　归妹以娣^⑤。跛^⑥能履。征吉。

初九居下而无正应，故为"娣"象。然阳刚在女子为贤正之德，但为娣之贱，仅能承助其君而已，故又为"跛能履"之象。而其占则"征吉"也。

九二　眇^⑦能视。利幽人之贞。

"眇能视"，承上爻而言。九二阳刚得中，女之贤也。上有正应，而反阴柔不正，乃女贤而配不良，不能大成内助之功。故为"眇能视"之象，而其占则"利幽人之贞"也。"幽人"，亦抱道守正而不偶者也。

六三　归妹以须^⑧。反归以娣。

六三阴柔而不中正，又为说之主。女之不正，人莫之取者也。

---

① 归妹，妇人谓嫁曰归。妹者，少女之称。兑宫归魂卦。

② 少，诗照反，下皆同。

③ 长，丁丈反。

④ 说，音悦，下注皆同。

⑤ 娣，大计反。

⑥ 跛，波我反。

⑦ 眇，弥小反。

⑧ 以须，如字，待也。郑云：有才智之称荀、陆作嬬。陆云：妾也。

故为未得所适，而反归为娣之象。或曰："须"，女之贱者。

九四　归妹愆[①]期。迟[②]归有时。

九四以阳居上体而无正应，贤女不轻从人，而"愆期"以待所归之象，正与六三相反。

六五　帝乙归妹。其君之袂[③]，不如其娣之袂良。月几[④]望，吉。

六五柔中居尊，下应九二，尚德而不贵饰，故为帝女下嫁而服不盛之象。然女德之盛，无以加此，故又为"月几望"之象，而占者如之则"吉"也。

上六　女承筐无实，士刲[⑤]羊无血[⑥]。无攸利。

上六以阴柔居归妹之终而无应，约婚而不终者也。故其象如此，而于占为无所利也。

---

① 愆，起虔反。马云：过也。

② 迟，雉夷反，晚也，缓也。陆云：待也。一音直冀反。

③ 袂，弥世反。

④ 几，音机，又音祈。荀作既。

⑤ 刲，苦圭反。马云：刺也。一音工惠反。

⑥ 血，如字。马云：当作恤，忧也。

（丰）

```
震上
离下
```

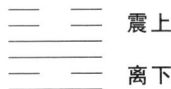

丰① 亨，王假②之。勿忧，宜日中。

"丰"，大也。以明③而动，盛大之势也，故其占有"亨"道焉。然王者至此，盛极当衰，则又有忧道焉。圣人以为徒忧无益，但能守常，不至于过盛则可矣，故戒以"勿忧宜日中"也。

初九 遇其配④主。虽旬⑤无咎。往有尚。

"配主"，谓四。"旬"，均也，谓皆阳也。当丰之时，明动相资，故初九之遇九四，虽皆阳刚，而其占如此也。

六二 丰其蔀⑥，日中见斗⑦。往得疑疾，有孚发若，吉。

六二居丰之时，为离之主，至明者也。而上应六五之柔暗，故为丰蔀"见斗"之象。"蔀"，障蔽也，大其障蔽，故日中而昏也。往而从之，则昏暗之主，必反见疑。惟在积其诚意以感发之则吉，戒占者宜如是也。虚中，有孚之象。

---

① 丰，芳忠反。《字林》匹忠反。依字作丰（丰），今并三直画，犹是变体。若曲下作豆，礼字耳，非也。世人乱之久矣。《彖》及《序卦》皆云：大也。案丰是腆厚光大之义。郑云：丰之言腆，充满意也。坎宫五世卦。

② 假，庚白反，至也，下同。马古雅反，大也。

③ 明，蜀才本作命。

④ 配，如字。郑作妃，云：嘉耦曰妃。

⑤ 旬，如字，均也。王肃尚纯反，或音唇。荀作均。刘昞作钧。

⑥ 蔀，音部。王廙同，蒲户反。王肃普苟反。《略例》云：大暗之谓蔀。马云：蔀，小也。郑、薛作菩，云：小席。

⑦ 见斗，孟作"见主"。

九三　丰其沛①，日中见沫②。折③其右肱④，无咎。

"沛"，一作旆，谓幡⑤幔⑥也，其蔽甚于蔀矣。"沫"，小星也。三处明极，而应上六，虽不可用，而非咎也，故其象占如此。

九四　丰其蔀，日中见斗。遇其夷主，吉。

象与六二同。"夷"，等夷也。谓初九也。其占为当丰而遇暗主，下就同德则"吉"也。

六五　来章。有庆誉，吉。

质虽柔暗，若能来致天下之明，则有"庆誉"而"吉"矣。盖因其柔暗，而设此以开之。占者能如是，则如其占矣。

上六　丰其屋⑦，蔀其家，窥⑧其户，阒⑨其无人。三岁不觌⑩，凶。

以阴柔居丰极，处动终，明极而反暗者也，故为丰大其屋，而反以自蔽之象。无人不觌，亦言障蔽之深，其"凶"甚矣。

---

① 沛，本或作旆，谓幡幔也。又普贝反。姚云：滂沛也。王廙丰盖反，又补赖反。徐普盖反。子夏作芾，传云：小也。郑、干作常，云：祭祀之蔽膝。

② 沫，亡对反。微昧之光也。

③ 折，之舌反，注同。郑云：断也。断音丁乱反。

④ 肱，古弘反。姚作股。

⑤ 幡，方袁反。

⑥ 幔，末半反。

⑦ 屋，《说文》作㡡，云：大屋。

⑧ 窥，苦规反。李登云：小视。

⑨ 阒，苦鹝反。徐苦鹉反。一音苦鹹反。马、郑云：无火貌。《字林》云：静也。姚作阋，孟作窒，并通。

⑩ 觌，徒历反。

（旅）

离上
艮下

旅① 小亨，旅贞吉。

"旅"，羁旅也。山止于下，火炎于上，为去②其所止而不处之象，故为"旅"。以六五得中于外，而顺乎上下之二阳，艮止而离丽于明，故其占可以"小亨"。而能守其旅之贞，则"吉"。旅非常居，若可苟者，然道无不在，故自有其正，不可须臾离也。

初六 旅琐琐③。斯其所取灾。

当旅之时，以阴柔居下位，故其象占如此。

六二 旅即次。怀其资④，得童仆贞。

"即次"则安，"怀""资"则裕，得其"童仆"之贞信，则无欺而有赖，旅之最吉者也。二有柔顺中正之德，故其象占如此。

九三 旅焚其次。丧⑤其童仆，贞厉。

过刚不中，居下之上，故其象占如此。"丧其童仆"，则不止于失其心矣，故"贞"字连下句为义。

九四 旅于处。得其资斧⑥，我心不快⑦。

---

① 旅，力举反。羁，旅也。《序卦》云：旅而无所容。《杂卦》云：亲寡旅。是也。离宫一世卦。王肃等以为军旅。

② 去，起吕反，注同。

③ 琐琐，悉果反，或作璅字者，非也。郑云：琐琐，小也。马云：疲弊貌。王肃云：细小貌。

④ 怀其资，本或作"怀其资斧"，非。

⑤ 丧，息浪反，卦内并下卦同。

⑥ 资斧，如字。《子夏传》及众家并作"齐斧"。张轨云：齐斧，盖黄钺斧也。张晏云：整齐也。应劭云：齐，利也。虞喜《志林》云：齐当作斋，斋戒入庙而受斧。下卦同。

⑦ 快，苦夬反。

以阳居阴，处上之下，用柔能下，故其象占如此。然非其正位，又上无刚阳之与，下惟阴柔之应，故其心有所不快也。

六五　射雉，一矢亡。终以誉命。

"雉"，文明之物，离之象也。六五柔顺文明，又得中道，为离之主。故得此爻①者，为"射②雉"之象。虽不无"亡矢"之费，而所丧不多，终有"誉命"也。

上九　鸟焚其巢。旅人先笑后号咷③，丧牛于易④，凶。

上九过刚，处旅之上，离之极，骄而不顺，凶之道也。故其象占如此。

---

① 爻，户交反。《说文》云：交也。

② 射，食亦反，下注同。

③ 咷，徒刀反。

④ 易，以豉反，注同。王肃音亦。

（巽）

```
═══════  巽上
══ ════  巽下
```

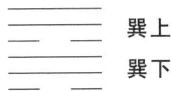

巽[1] 小亨，利有攸往，利见大人。

“巽”，入也。一阴伏于二阳之下，其性能巽以入也。其象为风，亦取入义。阴为主，故其占为“小亨”。以阴从阳，故又利有所往。然必知所从乃得其正，故又曰“利见大人”也。

初六 进退。利武人之贞。

初以阴居下，为巽之主，卑[2]巽之过，故为“进退”不果之象。若以“武人之贞”处之，则有以济其所不及，而得所宜矣。

九二 巽在床下，用史巫纷若。吉，无咎。

二以阳处阴而居下，有不安之意。然当巽之时，不厌[3]其卑。而二又居中，不至已甚。故其占为能过于巽，而丁宁烦悉其辞以自道达，则可以“吉”而“无咎”。亦竭诚意以祭祀之吉占也。

九三 频巽。吝。

过刚不中，居下之上，非能巽者，勉为屡失，“吝”之道也。故其象占如此。

六四 悔亡，田获三品。

阴柔无应，承乘皆刚，宜有“悔”也，而以阴居阴，处上之下，故得“悔亡”，而又为卜田之吉占也。“三品”者，一为干豆，一为宾客，一以充庖。

九五 贞吉悔亡，无不利。无初有终。先庚三日，

---

[1] 巽，孙问反，入也。《广雅》云：顺也。八纯卦，象风象木。

[2] 卑，必弥反。本亦作俾，徐：音婢，下同。

[3] 厌，于艳反，注同。

后①庚三日，吉。

九五刚健中正，而居巽体，故有"悔"，以有"贞"而"吉"也，故得亡其悔而"无不利"。有"悔"，是"无初"也。"亡"之，是"有终"也。"庚"，更也，事之变也。"先庚三日"，丁也。"后庚三日"，癸也。"丁"，所以丁宁于其变之前。"癸"，所以揆度于其变之后。有所变更而得此占者，如是则"吉"也。

上九　巽在床下，丧其资斧，贞凶。

"巽在床下"，过于巽者也。"丧其资斧"，失所以断②也。如是则虽"贞"亦"凶"矣。居巽之极，失其阳刚之德，故其象占如此。

---

① 后，胡豆反。

② 断，丁乱反。

（兑）

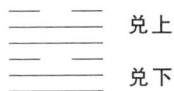

兑上
兑下

兑[1]　亨，利贞。

"兑"，说也。一阴进乎二阳之上，喜之见[2]乎外也。其象为"泽"，取其说万物，又取坎水而塞，其下流之象。卦体刚中而柔外，刚中，故"说"而"亨"。柔外，故"利"于"贞"。盖说有亨道，而其妄说不可以不戒，故其占如此。又柔外故为"说亨"，刚中故"利"于"贞"，亦一义也。

初九　和兑。吉。

以阳爻居说体，而处最下，又无系应，故其象占如此。

九二　孚兑。吉，悔亡。

刚中为"孚"，居阴为"悔"。占者以"孚"而"说"，则"吉"而"悔亡"矣。

六三　来兑。凶。

阴柔不中正，为兑之主。上无所应，而反来就二阳以求说，"凶"之道也。

九四　商[3]兑未宁，介[4]疾有喜。

四上承九五之中正，而下比六三之柔邪，故不能决。而商度所说，未能有定，然质本阳刚，故能介然守正，而疾恶柔邪也。如此则"有喜"矣，象占如此，为戒深矣。

九五　孚于剥，有厉。

----

① 兑，徒外反，悦也。八纯卦，象泽。

② 见，贤遍反。

③ 商，如字。商，商量也。郑云：隐度也。

④ 介，音界，隔也。马云：大也。

"剥"，谓阴能剥阳者也。九五阳刚中正，然当说之时而居尊位，密近上六。上六阴柔，为说之主，处说之极，能妄说以剥阳者也。故其占但戒以信，于上六则有危也。

上六　引兑。

上六成说之主，以阴居说之极，"引"下二阳相与为说，而不能必其从也。故九五当戒，而此爻不言其吉凶。

（涣）

```
━━━━━  巽上
━ ━  坎下
━ ━
```

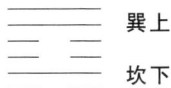

涣^①　亨，王假^②有庙。利涉大川，利贞。

"涣"，散也。为卦下坎上巽，风行水上，离披解散之象，故为"涣"。其变则本自渐卦九来居二而得中，六往居三，得九之位，而上^③同于四，故其占可"亨"。又以祖考之精神既散，故"王"者当至于"庙"以聚之。又以巽木坎水，舟楫^④之象，故"利涉大川"。其曰"利贞"，则占者之深戒也。

初六　用拯^⑤马壮。吉。

居卦之初，涣之始也。始涣而拯之，为力既易，又有壮马，其吉可知。初六非有济涣之才，但能顺乎九二，故其象占如此。

九二　涣奔其机^⑥，悔亡。

九而居二，宜有"悔"也。然当涣之时，来而不穷，能"亡"其"悔"者也。故其象占如此，盖九奔而二机^⑦也。

六三　涣其躬，无悔。

阴柔而不中正，有私于己之象也。然居得阳位，志在济时，能散其私，以得"无悔"，故其占如此。大率此上四爻，皆因涣以济

---

①　涣，呼乱反，散也。《序卦》云：离也。离宫五世卦。

②　假，庚白反，下同。梁武帝音贾。

③　上，时掌反。

④　楫，本又作檝，将辄反，下同。徐：音集。又子入反。《方言》云：楫谓之桡，或谓之棹。《说文》云：楫，舟棹也。

⑤　拯，拯救之拯，注同。《说文》云：举也。郑云：承也。子夏作抍。《字林》云：抍，上举，音承。

⑥　机，音几。

⑦　机，王廙云：弩牙也。

涣者也。

六四　涣其群，元吉。涣其丘，匪夷^①所思。

居阴得正，上承九五，当济涣之任者也。下无应与，为能散其朋党之象。占者如是，则大善而"吉"。又言能散其小群以成^②大群，使所散者聚而若丘，则非常人思虑之所及也。

九五　涣汗^③其大号^④。涣王居，无咎。

阳刚中正，以居尊位，当涣之时，能散其号令，与其居积，则可以济涣而"无咎"矣。故其象占如此。九五巽体，有号令之象。"汗"，谓如汗之出而不反也。"涣王居"如陆贽所谓，散小储而成大储之意。

上九　涣其血去^⑤。逖^⑥出，无咎。

上九以阳居涣极，能出乎涣，故其象占如此。"血"，谓伤害。"逖"，当作惕，与《小畜·六四》同。言"涣其血"则"去"，涣其惕则出也。

---

① 匪夷，荀作匪弟。

② 成，成亦作盛。

③ 汗，下旦反。

④ 号，户羔反。

⑤ 去，羌吕反。

⑥ 逖，汤历反。

（节）

```
——  ——   坎上
————————
————————   兑下
——  ——
```

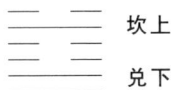

节① 亨。苦节不可贞。

"节"，有限而止也。为卦下兑上坎，泽上②有水，其容有限，故为"节"。节固，自有亨道矣。又其体阴阳各半，而二五皆阳，故其占得"亨"。然至于太甚则苦矣，故又戒以不可守以为贞也。

初九 不出户庭。无咎。

"户庭"，户外之庭也。阳刚得正，居节之初，未可以行，能节而止者也。故其象占如此。

九二 不出门庭。凶。

"门庭"，门内之庭也。九二当可行之时，而失刚不正。上无应与，知节而不知通，故其象占如此。

六三 不节若，则嗟若。无咎。

阴柔而不中正，以当节时，非能节者，故其象占如此。

六四 安节。亨。

柔顺得正，上承九五，自然有节者也。故其象占如此。

九五 甘节。吉，往有尚。

所谓当位以节，中正以通者也，故其象占如此。

上六 苦节。贞凶，悔亡。

居节之极，故为"苦节"。既处过极，故虽得正而不免于"凶"。然礼奢宁俭，故虽有"悔"而终得"亡"之也。

---

① 节，荐絜反，止也。明礼有制度之名。一云分段支节之义。坎宫一世卦。

② 上，时掌反，注同。

（中孚）

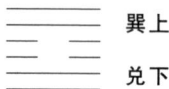

巽上

兑下

中孚①　豚②鱼吉，利涉大川，利贞。

"孚"，信③也。为卦二阴在内，四阳在外，而二五之阳，皆得其中。以一卦言之为中虚，以二体言之为中实，皆孚信之象也。又下说④以应上，上巽以顺下，亦为孚义。"豚鱼"，无知之物。又木在泽上，外实内虚，皆舟楫之象。至信可感豚鱼，涉险难⑤，而不可以失其贞。故占者能致豚鱼之应则吉。而"利涉大川"，又必利于贞也。

初九　虞吉。有它不燕⑥。

当中孚之初，上应六四，能度其可信而信之，则吉。复有他焉，则失其所以度⑦之之正，而不得其所安矣，戒占者之辞也。

九二　鸣鹤⑧在阴，其子和⑨之。我有好⑩爵，吾与尔靡⑪之。

---

① 中孚，芳夫反，信也。艮宫游魂卦。

② 豚，徒尊反。黄作遁。

③ 信，本又作伸，同音申，下同。韦昭《汉书音义》云：古伸字。

④ 说，音悦，注同。

⑤ 难，乃旦反，下"遇难"同。

⑥ 燕，音燕。

⑦ 度，待洛反。

⑧ 鹤，户各反。

⑨ 和，胡卧反。

⑩ 好，如字。王肃：呼报反。孟云：好，小也。

⑪ 靡，本又作糜，同亡池反，散也。干同。徐：又武寄反，又亡彼反。《韩诗》云：共也。孟同。《埤苍》作縻，云：散也。陆作縴。京作劘。

九二中孚之实，而九五亦以中孚之实应之，故有鹤鸣子和^①、我爵尔靡^②之象。鹤在阴，谓九居二。"好爵"，谓得中。"靡"，与縻同，言懿德人之所好。故"好爵"虽我之所独有，而彼尔系恋之也。

六三　得敌。或鼓，或罢^③，或泣，或歌。

"敌"，谓上九信之穷者。六三阴柔不中正，以居说极，而与之为应，故不能自主，而其象如此。

六四　月几^④望，马匹亡。无咎。

六四居阴得正，位近于君，为"月几望"之象。"马匹"，谓初与己为匹。四乃绝之而上^⑤以信于五，故为"马匹亡"之象，占者如是则"无咎"也。

九五　有孚挛如。无咎。

九五刚健中正，中孚之实而居尊位，为孚之主者也。下应九二，与之同德，故其象占如此。

上九　翰音登于天。贞凶。

居信之极，而不知变，虽得其贞，亦凶道也，故其象占如此。鸡曰"翰音"，乃巽之象。居巽之极，为"登于天"。鸡非登天之物而欲登天，信非所信，而不知变，亦犹是也。

---

① 和，和卧反，注同。
② 靡，本又作縻，亡池反。徐：又亡彼反。京作劘。
③ 罢，如字。王肃音皮。徐扶彼反。
④ 几，音机，又音祈。京作近。荀作既。
⑤ 上，如字。又时掌反。

（小过）

```
☰ ☰  震上
☰ ☰  艮下
```

小过①　亨，利贞。可小事不可大事。飞鸟遗之②音，不宜上③宜下，大吉。

“小”，谓阴也。为卦四阴在外，二阳在内，阴多于阳，小者过也。既过于阳，可以“亨”矣。然必利于守贞，则又不可以不戒也。卦之二五，皆以柔而得中，故“可小事”。三四皆以刚失位而不中，故“不可大事”。卦体内实外虚，如鸟之飞，其声下而不上，故能致“飞鸟遗音”之应，则“宜下”而“大吉”，亦“不可大事”之类也。

初六　飞鸟以凶。

初六阴柔，上应九四，又居过时，上而不下者也。飞鸟遗音，“不宜上宜下”，故其象占如此。郭璞《洞林》：占得此者，或致羽虫之孽。

六二　过其祖，遇其妣④。不及其君，遇其臣。无咎。

六二柔顺中正，进则过三四而遇六五，是过阳而反遇阴也。如此则不及六五而自得其分⑤，是不及君，而适遇其臣也。皆过而不过，守正得中之意，“无咎”之道也。故其象占如此。

九三　弗过防之，从或戕⑥之。凶。

---

① 小过，古卧反，义与“大过”同。王肃云：音戈。兑宫游魂卦。

② 遗之，如字。

③ 上，时掌反，注同，下及文“不宜上”、上六注“上”极同。郑：如字，谓君也。

④ 妣，必履反。

⑤ 分，符问反。

⑥ 戕，徐在良反，注同。

小过之时，事每当过，然后得中。九三以刚居正，众阴所欲害者也。而自恃其刚，不肯过为之备，故其象占如此。若占者能过防之，则可以免矣。

九四　无咎，弗过遇之。往厉必戒，勿用永贞。

当过之时，以刚处柔，"过乎恭"矣，"无咎"之道也。"弗过遇之"，言弗过于刚，而适合其宜也。"往"则过矣，故有"厉"而当戒。阳性坚刚，故又戒以"勿用永贞"，言当随时之宜，不可固守也。或曰"弗过遇之"，若以六二爻例，则当如此说。若依九三爻例，则过遇当如过防之义。未详孰是，当阙以俟知者。

六五　密云不雨，自我西郊。公弋^①取彼在穴。

以阴居尊，又当阴过之时，不能有为。而弋取六二以为助，故有此象。"在穴"，阴物也。两阴相得，其不能济大事可知。

上六　弗遇过之，飞鸟离之，凶。是谓灾眚^②。

六以阴居动体之上，处阴过之极，过之已高而甚远者也，故其象占如此。或曰："遇过"恐亦只当作"过遇"，义同九四。未知是否。

---

① 弋，余职反。
② 眚，生领反。

（既济）

```
☵☵  坎上
☲   离下
```

既济① 亨小②，利贞。初吉，终乱。

"既济"，事之既成也。为卦水火相交，各得其用，六爻之位，各得其正，故为既济。"亨小"当为"小亨"，大抵此卦及六爻占辞，皆有警戒之意，时当然也。

初九 曳③其轮，濡其④尾。无咎。

轮在下，尾在后，初之象也。曳轮则车不前，濡尾则狐不济。既济之初，谨戒如是，无咎之道，占者如是则"无咎"矣。

六二 妇丧⑤其茀⑥，勿逐。七日得。

二以文明中正之德，上应九五刚阳中正之君，宜得行其志。而九五居既济之时，不能下贤以行其道，故二有"妇丧其茀"之象。"茀"，妇车之蔽，言失其所以行也。然中正之道，不可终废，时过则行矣，故又有"勿逐"而自得之戒。

九三 高宗伐鬼方⑦，三年克之。小人勿用。

既济之时，以刚居刚，"高宗伐鬼方"之象也。"三年克之"，言其久而后克，戒占者不可轻动之意。"小人勿用"，占法与《师·

---

① 既济，节计反，下卦同。郑云：既，已也，尽也；济，度也。坎宫三世卦。

② 亨小，绝句。以"小"连"利贞"者，非。

③ 曳，以制反。

④ 濡其，音儒，注同。

⑤ 妇丧，息浪反，注皆同。

⑥ 其茀，方拂反，首饰也。马同。干云：马髴也。郑云：车蔽也。子夏作髴。荀作绂。董作髢。

⑦ 鬼方，《苍颉篇》云：鬼，远也。

上六》同。

六四　繻有衣袽①。终日戒。

既济之时，以柔居柔，能豫②备而戒惧者也，故其象如此。程子曰："繻"当作濡，"衣③袽"所以塞舟之罅漏。

九五　东邻杀牛，不如西邻之禴④祭。实受其福。

东阳西阴，言九五居尊而时已过，不如六二之在下而始得时也。又当文王与纣⑤之事，故其象占如此。《象⑥》辞"初吉终乱"，亦此意也。

上六　濡其首。厉。

既济之极，险体之上，而以阴柔处之，为狐涉水而"濡其首"之象。占者不戒，"危"之道也。

---

①　袽，女居反。丝袽也。王肃音如。《说文》作絮，云：缊也。《广雅》云：絮，塞也。子夏作茹。京作絮。

②　豫，余虑反，悦豫也，备豫也。马云：豫，乐。震宫一世卦。

③　衣，于既反。

④　禴，羊略反，祭之薄者。

⑤　纣，直又反。

⑥　象，吐贯反。马云：《象》辞，卦辞也。郑云：爻辞也。周同。王肃云：《象》举《象》之要也。师说通谓爻卦之辞也。一云即夫子《象》辞。

（未济）

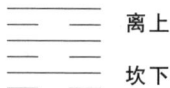
离上
坎下

未济① 亨。小狐②汔③济，濡其尾。无攸利。

"未济"，事未成之时也。水火不交，不相为用。卦之六爻，皆失其位，故为"未济"。"汔"，几也。几济而濡尾，犹未济也。占者如此，何所利哉！

初六 濡其尾。吝。

以阴居下，当未济之初，未能自进，故其象占如此。

九二 曳其轮。贞吉。

以九二应六五，而居柔得中，为能自止而不进，得为下之正也。故其象占如此。

六三 未济，征凶，利涉大川。

阴柔不中正，居未济之时，以"征"则"凶"。然以柔乘刚，将出乎坎，有"利涉"之象，故其占如此。盖行者可以水浮，而不可以陆走也。或疑"利"字上当有"不"字。

九四 贞吉，悔亡，震用伐鬼方，三年有赏于大国。

以九居四，不正而有"悔"也。能勉而贞，则"悔亡"矣。然以不贞之资，欲勉而贞，非极其阳刚用力之久不能也，故为"伐鬼方"三年而受赏之象。

六五 贞吉无悔。君子之光，有孚吉。

以六居五，亦非正也。然文明之主，居中应刚，虚心以求下之助，故得"贞"而"吉"且"无悔"。又有光辉之盛，信实而不妄，

① 未济，离宫三世卦。

② 小狐，徐：音胡。

③ 汔，许讫反。《说文》云：水涸也。郑云：几也。

吉而又吉也。

上九　有孚于饮酒，无咎。濡其首，有孚失是。

以刚明居未济之极，时将可以有为，而自信自养以俟命，"无咎"之道也。若纵而不反，如狐之涉水而"濡其首"，则过于自信而失其义矣。

周易本义卷三

周易彖上传

"彖"，即文王所系之辞。"上"者，《经》之上篇。"传"者，孔子所以释《经》之辞也。后凡言《传》者，放此。

大哉乾元！万物资始[①]，乃统天。

此专以天道明"乾"义。又析"元亨利贞"为四德，以发明之，而此一节首释元义也。"大哉"，叹辞。"元"，大也，始也。"乾元"，天德之大始，故万物之生，皆资之以为始也。又为四德之首，而贯乎天德之始终，故曰"统天"。

云行[②]雨施[③]，品物流形。

此释乾之"亨"也。

大明终始，六位时成，时乘六龙以御[④]天。

"始"，即元也。"终"，谓贞也。不终则无始，不贞则无以为元也。此言圣人大明乾道之终始，则见[⑤]卦之六位，各以时成，而乘此六阳以行天道，是乃圣人之"元亨"也。

乾道变化，各正性命，保合太和，乃利贞。

变者化之渐，化者变之成。物所受为性，天所赋为命。"太

---

① 资始，郑云：资，取也。
② 云行，如字。
③ 施，始豉反，卦内皆同。
④ 御，鱼吕反。
⑤ 见，贤遍反，下及注皆同。

和"，阴阳会合，中和①之气也。"各正"者，得于有生之初。"保合"者，全于已生之后，此言"乾道变化"，无所不利，而万物各得其性命以自全，以释"利贞"之义也。

首出庶物，万国咸宁。

圣人在上，高出于物，犹乾道之变化也。"万国"各得其所而"咸宁"，犹万物之"各正性命"，而"保合太和"也。此言圣人之"利贞"也。盖尝统而论之："元"者物之始生，"亨"者物之畅茂，"利"则向于实也，"贞"则实之成也。实之既成，则其根蒂脱落，可复②种而生矣。此四德之所以循③环而无端也。然而四者之间，生气流行，初无间断，此"元"之所以包四德而统天也。其以圣人而言，则孔子之意，盖以此卦为圣人得天位，行天道，而致太平之占也。虽其文义有非文王之旧者，然读者各以其意求之，则并行而不悖④也。坤卦放此。

至哉坤元，万物资生，乃顺承天。

此以地道明坤之义，而首言元也。"至"，极也，比"大"义差缓。"始"者气之始，"生"者形之始。顺承天施⑤，地之道也。

坤厚载物，德合无疆。含弘光大，品物咸亨。

言"亨"也。"德合无疆"，谓配乾也。

牝⑥马地类，行地无疆。柔顺利贞，君子攸行。

言"利贞"也。"马"，乾之象，而以为地类者，牝阴物，而马又行地之物也。"行地无疆"，则顺而健矣。"柔顺利贞"，坤之德也。君子攸行，人之所行，如坤之德也。所行如是，则其占如下文所云也。

---

① 和，胡卧反，注及下同。
② 复，扶又反，下同。
③ 循，以遵反。
④ 悖，布内反，逆也。
⑤ 施，始豉反。
⑥ 牝，频忍反。

先迷失道，后顺得常。西南得朋，乃与类行。东北丧
朋，乃终有庆。

阳大阴小，阳得兼阴，阴不得兼阳。故坤之德，常减于乾之半
也。"东北"虽"丧朋"，然反之"西南"，则"终有庆"矣。

安贞之吉，应地无疆。

"安"而且"贞"，地之德也。

屯①，刚柔始交而难②"难可"，余并同。贾逵注《周
语》云：畏惮也。生。

以二体释卦名义，"始交"，谓震。"难生"，谓坎。

动乎险中，大亨贞③。

以二体之德释卦辞，"动"，震之为也。"险"，坎之地也。自此
以下，释"元亨利贞"，乃用文王本意。

雷雨之动满盈，天造④草昧⑤，宜建侯而不宁⑥。

以二体之象释卦辞。"雷"，震象。"雨"，坎象。"天造"，犹言
天运。"草"，杂乱。"昧"，晦冥也。阴阳交而雷雨作，杂乱晦冥，
塞乎两间。天下未定，名分未明。宜立君以统治，而未可遽谓安宁
之时也。不取初九爻义者，取义多端，姑举其一也。

蒙，山下有险。险而止，蒙。

以卦象卦德释卦名，有两义。

蒙，亨，以亨行时中⑦也。匪我求童蒙，童蒙求我⑧，

---

① 屯，张伦反。
② 难，乃旦反。卦内除六二注
③ 大亨贞，本又作"大亨利贞"。
④ 造，徂早反，注同。
⑤ 昧，音妹。《广雅》云：草，造也。董云：草昧，微物。
⑥ 而不宁，而，辞也。郑读而曰能，能犹安也。
⑦ 时中，张仲反，和也。
⑧ 求我，一本作"来求我"。

志应也。初筮告，以刚中也。再三渎，渎则不告，渎蒙也。蒙以养正，圣功也。

以卦体释卦辞也。九二以可亨之道，发人之蒙，而又得其时之中，谓如下文所指之事，皆以亨行而当其可也。"志应"者，二刚明，五柔暗，故二不求五而五求二，其志自相应也。"以刚中"者，以刚而中，故能告而有节也。"渎"，筮者二三，则问者固渎，而告者亦渎矣。"蒙以养正"，乃作圣之功，所以释"利贞"之义也。

需，须也，险在前也。刚健而不陷①，其义不困穷矣。

此以卦德释卦名义。

需，有孚，光亨，贞吉。位乎天位，以正中也。利涉大川，往有功也。

以卦体及两象释卦辞。

讼，上刚下险。险而健，讼。

以卦德释卦名义。

讼，有孚窒②惕中吉，则来而得中也。终凶，讼不可成也。利见大人，尚中正也。不利涉大川，入于渊也。

以卦变卦体卦象释卦辞。

师，众也。贞，正也。能以众正，可以王③矣。

此以卦体释"师贞"之义。"以"，谓能左右之也。一阳在下之中，而五阴皆为所以也。"能以众正"，则王者之师矣。

刚中而应，行险而顺，以此毒④天下而民从之，吉又何咎矣。

---

① 陷，陷没之陷。

② 窒，珍栗反。徐得悉反。郑、刘作恎。恎，止也。孟作怪。陆作眷。

③ 王，如字。物归往也。徐：又往况反。

④ 毒，徒笃反，役也。马云：治也。

又以卦体卦德释"丈人吉无咎"之义。"刚中"，谓九二。"应"，谓六五应之。"行险"，谓行危道。"顺"，谓顺人心。此非有老成之德者不能也。"毒"，害也。师旅之兴，不无害于天下，然以其有是才德，是以民悦而从之也。

比，吉也。

此三字疑衍文。

比，辅也，下顺从也。

此以卦体释卦名义。

原筮元永贞无咎，以刚中也。不宁方来，上下应也。后夫凶，其道穷也。

亦以卦体释卦辞。"刚中"，谓五。"上下"，谓五阴。

小畜①，柔得位而上②下应之，曰小畜。

以卦体释卦名义，"柔得位"，指六居四。"上下"，谓五阳。

健而巽，则中而志行，乃亨。

以卦德卦体而言，阳犹可亨也。

密云不雨，尚往也。自我西郊，施未行也。

"尚往"，言畜之未极其气犹上进也。

履，柔履刚也。

以二体释卦名义。

说③而应乎乾，是以履虎尾不咥人亨。

以卦德释《彖辞》。

刚中正，履帝位而不疚④，光明也。

又以卦体明之，指九五也。

———————————

① 小畜，本又作蓄，同，敕六反。

② 上，时掌反，《象》同。

③ 说，音悦，下注皆同。

④ 疚，久又反。马云：病也。陆本作疾。

泰，小往大来吉亨，则是天地交而万物通也，上下交而其志同也。内阳而外阴，内健而外顺，内君子而外小人，君子道长①，小人道消也。

否之匪人，不利君子贞。大往小来，则是天地不交，而万物不通也。上下不交，而天下无邦也。内阴而外阳，内柔而外刚，内小人而外君子，小人道长②，君子道消也。

同人，柔得位得中而应乎乾，曰同人。
以卦体释卦名义。"柔"，谓六二，"乾"，谓九五。
同人曰。
衍文。
同人于野，亨。利涉大川，乾行也。文明以健，中正而应，君子正也。惟君子为能通天下之志。
以卦德卦体释卦辞，通天下之志，乃为大同。不然，则是私情之合而已，何以致"亨"而"利涉"哉！

大有，柔得尊位大中，而上③下应之，曰大有。
以卦体释卦名义，"柔"谓六五，"上下"谓五阳。
其德刚健而文明，应乎天而时行，是以元亨。
以卦德卦体释卦辞。应天，指六五也。

谦，亨。天道下济④而光明，地道卑而上⑤行。
言谦之必"亨"。

---

① 长，丁丈反。
② 长，丁丈反。
③ 上，时掌反。
④ 济，节细反。
⑤ 上，时掌反，下"上承"、"上行"同。

天道亏盈①而益谦，地道变盈而流谦，鬼神害盈而福②谦，人道恶③盈而好④谦。谦尊而光，卑而不可逾，君子之终也。

"变"，谓倾坏。"流"，谓聚而归之。人能谦，则其居尊者，其德愈光，其居卑者，人亦莫能过，此君子所以"有终"也。

豫，刚应而志行，顺以动，豫。

以卦体卦德释卦名义。

豫顺以动，故天地如之，而况建侯行师乎？

以卦德释卦辞。

天地以顺动，故日月不过，而四时不忒⑤。圣人以顺动，则刑罚清而民服。豫之时义大矣哉！

极言之而赞其大也。

随，刚来而下柔，动而说⑥，随。

以卦变卦德释卦名义。

大亨贞无咎，而天下随时⑦。

王肃本"时"作"之"，今当从之。释卦辞，言能如是，则天下之所从也。

随时之义⑧大矣哉！

王肃本"时"字在"之"字之下，今当从之。

---

① 亏盈，马本作"毁盈"。
② 而福，京本作"而富"。
③ 恶，乌路反，卦末注同。
④ 好，呼报反。
⑤ 忒，他得反。郑云：差也。京作贷。
⑥ 说，音悦，注同。
⑦ 随时，王肃本作"随之"。
⑧ 随时之义，王肃本作"随之时义"。

蛊，刚上而柔下。巽而止，蛊。

以卦体卦变卦德释卦名义，盖如此则积弊而至于蛊矣。

蛊，元亨而天下治①也。利涉大川，往有事也。先甲三日，后甲三日，终则有始，天行也。

释卦辞，治蛊至于"元亨"，则乱而复治复始，扶又反。之象也。乱之终，治之始，天运然也。

临，刚浸②而长③。

以卦体释卦名。

说④而顺，刚中而应。

又以卦德卦体言卦之善。

大亨以正，天之道也。

当刚长⑤之时，又有此善，故其占如此也。

至于八月有凶，消不久也。

言虽天运之当然，然君子宜知所戒。

大观在上，顺而巽，中正以观天下⑥。

以卦体卦德释卦名义。

观，盥而不荐⑦，有孚颙若，下观而化也。

释卦辞。

观天之神道，而四时不忒⑧，圣人以神道设教⑨，而天

---

① 治，直吏反，注同。

② 浸，子鸩反。

③ 长，丁丈反。一音此治良反。

④ 说，音悦，下同。

⑤ 长，丁丈反，下"刚长"同。

⑥ 以观天下，徐：唯此一字作官音。

⑦ 荐，将电反。本又作蘮，同。本或作存，兽名耳，非。

⑧ 忒，吐得反。

⑨ 神道设教，一本作"以神道设教"。

下服矣。

极言观之道也。"四时不忒"，天之所以为观也。神道设教，圣人之所以为观也。

颐中有物，曰噬①嗑②。

以卦体释卦名义

噬嗑而亨，刚柔分，动而明，雷电合而章。柔得中而上行，虽不当位。"利用狱"也。

又以卦名卦体卦德二象卦变释卦辞。

贲，亨。

"亨"字疑衍。柔来而文刚，故亨。分刚上而文柔，故小利有攸往，天文也。

以卦变释卦辞。刚柔之交，自然之象，故曰"天文"。先儒说"天文"上当有"刚柔交错"四字，理或然也。

文明以止，人文也。

又以卦德言之。"止"，谓各得其分③。

观乎天文，以察时变。观乎人文，以化成天下。

极言贲道之大也。

剥，剥也。柔变刚也。

以卦体释卦名义。言柔进于阳，变刚为柔也。

不利有攸往，小人长④也。顺而止之，观象也。君子尚消息盈虚，天行也。

以卦体卦德释卦辞。

---

① 噬，市制反。

② 嗑，胡腊反。

③ 分，扶问反。

④ 长，直良反。

复，亨，刚反。

刚反则亨。

动而以顺行，是以出入无疾，朋来无咎。

以卦德而言。

反复其道，七日来复，天行也。

阴阳消息，天运然也。

利有攸往，刚长也。

以卦体而言，既生则渐长矣。

复，其见天地之心乎！

积阴之下，一阳复生，天地生物之心，几于灭息，而至此乃复可见。在人则为静极而动，恶极而善，本心几息而复[1]，见之端也。程子论之详矣，而邵子之诗亦曰："冬至子之半，天心无改移。一阳初动处，万物未生时。玄酒味方淡，大音声正希。此言如不信，更请问包犠。至哉言也！学者宜尽心焉。

无妄，刚自外来而为主于内。动而健，刚中而应，大亨以正，天之命也。其匪正有眚，不利有攸往。无妄之往，何之矣。天命不佑[2]，行矣哉！

以卦变卦德卦体言卦之善如此，故其占当获"大亨"，而利于正，乃天命之当然也。其有不正，则不利有所往，欲何往哉？盖其逆天之命，而天不佑之，故不可以有行也。

大畜，刚健笃实辉光，日新其德。

以卦德释卦名义。

刚上而尚贤，能止健，大正也。

以卦变卦体卦德释卦辞。

----

① 复，扶又反，下虽复同。
② 佑，音又。郑云：助也。本又作佑。马作右，谓天不右行。

不家食吉，养贤也。

亦取"尚贤"之象。

利涉大川，应乎天也。

亦以卦体而言。

颐，贞吉，养正则吉也。观颐观其所养也。自求口实，观其自养也。

释卦辞。

天地养万物，圣人养贤以及万民。颐之时，大矣哉！

极言养道而赞之。

大过，大者过也。

以卦体释卦名义。

栋桡，本末弱也。

复以卦体释卦辞。"本"，谓初。"末"，谓上。"弱"，谓阴柔。

刚过而中，巽而说行，利有攸往乃亨。

又以卦体，卦德释卦辞。

大过之时，大矣哉！

大过之时，非有大过人之材，不能济也，故叹其大。

习坎，重险也。

释卦名义。

水流而不盈，行险而不失其信。

以卦象释"有孚"之义，言内实而行有常也。

维心亨，乃以刚中也。行有尚，往有功也。

以刚在中，"心亨"之象。如是而往，必有功也。

天险，不可升也。地险，山川丘陵也。王公设险，以守其国。险之时用，大矣哉！

极言之而赞其大也。

离，丽也。日月丽乎天，百谷草木丽^①乎土^②，重^③明以丽乎正，乃化成天下。

释卦名义。

柔丽乎中正故亨，是以畜牝牛吉也。

以卦体释卦辞。

---

① 丽，如字。《说文》作麗。

② 土，王肃本作地。

③ 重，直龙反。

周易本义卷四

周易彖下传

咸，感也。

释卦名义。

柔上而刚下，二气感应以相与。止而说，男下①女，是以亨利贞，取女吉也。

以卦体卦德卦象释卦辞。或以卦变言"柔上""刚下"之义，曰"咸自旅来，柔上居六，刚下居五也"。亦通。

天地感而万物化生，圣人感人心而天下和平。观其所感，而天地万物之情可见矣。

极言感通之理。

恒，久也。刚上而柔下，雷风相与，巽而动，刚柔皆应，恒。

以卦体卦象卦德释卦名义。或以卦变言"刚上""柔下"之义，曰恒自丰来，刚上居二，柔下居初也，亦通。

恒亨无咎，利贞，久于其道也。天地之道，恒久而不已也。

恒固能"亨"且"无咎"矣。然必利于正，乃为久于其道，不正则久非其道矣。天地之道，所以常久，亦以正而已矣。

利有攸往，终则有始也。

---

① 下，遐嫁反，下注"必下"同。

"久于其道"，终也。"利有攸往"，始也。动静相生，循环之理，然必静为主也。

日月得天而能久照，四时变化而能久成，圣人久于其道而天下化成，观其所恒，而天地万物之情可见矣。

极言恒久之道。

遁①亨，遁而亨也。刚当位而应，与时行也。

以九五一爻释亨义。

小利贞，浸而长②也。

以下二阴释"小利贞"。

遁之时义大矣哉！

阴方浸长，处之为难，故其时义为尤大也。

大壮，大者壮也。刚以动，故壮。

释卦名义。以卦体言，则阳长过中，大者壮也。以卦德言，则乾刚震动，所以壮也。

大壮，利贞，大者正也。正大，而天地之情可见矣。

释"利贞"之义而极言之。

晋，进也。

释卦名义。

明出地上，顺而丽乎大明，柔进而上行，是以康侯用锡马蕃庶，昼日三接也。

以卦象、卦德、卦变释卦辞。

明入地中，明夷。

以卦象释卦名。

---

① 遁，本又作遯，同，徒逊反。
② 长，丁丈反。

内文明而外柔顺，以蒙大难①，文王以之②。

以卦德释卦义。"蒙大难③"，谓遭纣之乱而见囚也。

利艰贞，晦其明也。内难而能正其志，箕子以之。

以六五一爻之义释卦辞，"内难"，谓为纣近亲，在其国内，如六五之近于上六也。

家人，女正位乎内，男正位乎外。男女正，天地之大义也。

以卦体九五、六二释"利女贞"之义。

家人有严君焉，父母之谓也。

亦谓二五。

父父子子，兄兄弟弟，夫夫妇妇，而家道正。正家，而天下定矣。

上父，初子，五、三夫，四、二妇，五兄三弟。以卦画推之，又有此象。

睽，火动而上，泽动而下，二女同居，其志不同行④。

以卦象释卦名义。

说⑤而丽乎明，柔进而上行，得中而应乎刚，是以小事吉。

以卦德卦变卦体释卦辞。

天地睽而其事同也，男女睽而其志通也，万物睽而其事类也。睽之时用大矣哉！

极言其理而赞之。

① 难，乃旦反。
② 文王以之，王肃云：唯文王能用之。郑、荀、向作"似之"，下亦然。
③ 难，乃旦反。
④ 行，如字。王肃遐孟反。
⑤ 说，音悦。

蹇①，难也，险在前也。见险而能止，知矣哉！

以卦德释卦名义而赞其美。

蹇利西南，往得中②也。不利东北，其道穷也。利见大人，往有功也。当位贞吉，以正邦③也。蹇之时用，大矣哉！

以卦变卦体释卦辞，而赞其时用之大也。

解，险以动。动而免乎险，解。

以卦德释卦名义。

解利西南，往得众也。其来复吉，乃得中也。有攸往夙吉，往有功也。

以卦变释卦辞。坤为众。"得众"，谓九四入坤体。"得中""有功"，皆指九二。

天地解而雷雨作，雷雨作而百果草木皆甲坼④。解之时大矣哉！

极言而赞其大也。

损，损下益上，其道上行。

以卦体释卦名义。

损而有孚，元吉无咎可贞。利有攸往，曷之用，二簋可用享。二簋应有时，损刚益柔有时，损益盈虚，与时偕⑤行。

此释卦辞。"时"，谓当损之时。

---

① 蹇，纪勉反。

② 中，如字。郑云：和也。又张仲反。王肃云：中，适也。解卦《彖》同。

③ 正邦，荀、陆本作"正国"，为汉朝讳。

④ 坼，敕宅反。《说文》云：裂也。《广雅》云：分也。马、陆作宅，云：根也。

⑤ 偕，音皆。

益，损上益下，民说①无疆②。自上下下③，其道大光。

以卦体释卦名义。

利有攸往，中正有庆。利涉大川，木道乃行。

以卦体卦象释卦辞。

益动而巽，日进无疆④。天施地生，其益无方。凡益之道，与时偕行。

动巽，二卦之德。乾下施⑤，坤上生，亦上文卦体之义，又以此极言赞益之大。

夬，决也，刚决柔也。健而说，决而和。

释卦名义而赞其德。

"扬⑥于王庭"，柔乘五刚也。"孚号有厉"，其危乃光也。"告自邑，不利即戎"，所尚乃穷也。"利有攸往"，刚长乃终也。

此释卦辞。"柔乘五刚"，以卦体言，谓以一小人加于众君子之上，是其罪也。"刚长乃终"，谓一变则为纯乾也。

姤，遇也，柔遇刚也。

释卦名。

勿用取女，不可与长也。

释卦辞。

天地相遇，品物咸章也。

以卦体言也。

---

① 说，音悦。
② 疆，居良反，注同。
③ 下下，上遐嫁反，下如字。下句同。
④ 疆，居良反，下同。
⑤ 施，始豉反。
⑥ 畬，音余。马曰：田三岁也。董云：悉耨曰畬。《说文》云：二岁治田也。《字林》：弋恕反。

刚遇中正，天下大行也。

指九五。

姤之时，义大矣哉！

几微之际，圣人所谨。

萃，聚也。顺以说①，刚中而应，故聚也。

以卦德卦体释卦名义。

"王假有庙"，致孝享②也。"利见大人，亨"，聚以正③也。"用大牲吉，利有攸关"，顺天命也。

释卦辞。

观其所聚，而天地万物之情可见矣。

极言其理而赞之。

柔以时升。

以卦变释卦名。

巽而顺，刚中而应，是以大亨。

以卦德卦体释卦辞。

用见大人勿恤，有庆也。南征吉，志行也。

困，刚掩也。

以卦体释卦名。

险以说④，困而不失其所，"亨"，其惟君子乎。"贞大人吉"，以刚中也。"有言不信"，尚口乃穷也。

以卦德卦体释卦辞。

---

① 说，音悦，卦内同。

② 享，香两反。

③ 聚以正，荀作"取以正"。

④ 说，音悦，后皆同。

巽乎水而上①水，井。井，养而不穷也。

以卦象释卦名义。

改邑不改井，乃以刚中也。汔至亦未繘井，未有功也。嬴②其瓶③，是以凶也。

以卦体释卦辞。"无丧无得，往来井井"两句，意与"不改井"同，故不复出。"刚中"，以二五而言。"未有功"而败其瓶，所以"凶"也。

革，水火相息④，二女同居，其志不相得，曰革。

以卦象释卦名义，大略与睽相似。然以相违而为睽，相息而为革也。"息"，灭息也，又为生息之义，灭息而后生息也。

巳日乃孚，革而信之⑤，文明以说⑥。大亨以正，革而当，其悔乃亡。

以卦德释卦辞。

天地革而四时成。汤武革命，顺乎天而应乎人。革之时大矣哉。

极言而赞其大也。

鼎，象也。以木巽火，亨饪也。圣人亨以享⑦上帝，而大亨以养圣贤。

以卦体二象释卦名义，因极其大而言之。享帝贵诚，用犊而已。养贤则饔飧牢礼，当极其盛，故曰"大亨"。

---

① 上，时掌反，注及下注"上水"皆同。
② 嬴，律悲反，徐力追反，下同。蜀才作累。郑读曰虆。
③ 瓶，白经反。
④ 息，如字。马云：灭也。李斐注《汉书》同。《说文》作熄。
⑤ 革而信之，一本无"之"字。
⑥ 说，音悦，注同。
⑦ 享，香两反，注"享上帝"同。

巽而耳目聪明，柔进而上①行，得中而应乎刚，是以元亨。

以卦象卦变卦体释卦辞。

震，亨。

震有亨道，不待言也。

震来虩虩②，恐③致福也。笑言④哑哑⑤，后有则也。

"恐致福"，恐惧以致福也，"则"，法也。

震惊百里，惊远而惧迩也。出可以守宗庙社稷，以为祭主也。

程子以为迩也下，脱"不丧⑥匕⑦鬯⑧"四字，今从之。"出"，谓继世而主祭也。或云"出"，即"鬯"字之误。

艮，止也。时止则止，时行则行。动静不失其时，其道光明。

此释卦名，艮之义则止也。然行止各有其时，故"时止而止"，止也。"时行而行"，亦止也。艮体笃实，故又有"光明"之义。大畜于艮，亦以"辉光"言之。

艮其止，止其所也。上下敌应⑨，不相与也。是以不获其身，行其庭，不见其人，无咎也。

此释卦辞。易⑩"背"为"止"，以明背即止也。"背"者，止之所也。以卦体言，内外之卦，阴阳敌应而"不相与"也。"不相"

---

① 上，时掌反。

② 虩虩，许逆反。马云：恐惧貌。郑同。荀作"愬愬"。

③ 恐，曲勇反，下文注皆同。

④ 笑言，言亦作语，下同。

⑤ 哑哑，乌客反。马云：笑声。郑云：乐也。

⑥ 丧，息浪反，卦内并同。

⑦ 匕，必以反。

⑧ 鬯，敕亮反，香酒。

⑨ 应，应对之应，又音膺。

⑩ 易，以豉反。

与则内不见己，外不见人，而"无咎"矣。晁氏云："艮其止"，当依卦辞作"背"。

渐之进也，女归吉也[①]。

之字疑衍，或是渐字。

进得位，往有功也。进以正，可以正邦也。

以卦变释"利贞"之意，盖此卦之变，自涣而来。九进居三；自旅而来，九进居五，皆为得位之正。

其位，刚得中也。

以卦体言，谓九五。

止而巽，动不穷也。

以卦德言，渐进之义。

归妹，天地之大义也。天地不交而万物不兴，归妹人之终始也。

释卦名义也。"归"者，女之终。生育者，人之始。

说以动，所归妹也[②]。

又以卦德言之。

征凶，位不当也。无攸利，柔乘刚也。

又以卦体释卦辞。男女之交，本皆正理。惟若此卦，则不得其正也。

丰，大也。明以动，故丰。

以卦德释卦名义。

王假之，尚大也。勿忧宜日中，宜照天下也。

释卦辞。

---

① 女归吉也，王肃本还作"女归吉利贞"。

② 所归妹也，本或作"所以归妹"。

日中则昃，月盈则食①，天地盈虚，与时消息，而况于人乎？况于鬼神乎？

此又发明卦辞外意，言不可过中也。

旅，小亨。柔得中乎外而顺乎刚，止而丽乎明，是以小亨。旅，贞吉也。

以卦体卦德释卦辞。

旅之时义，大矣哉！

旅之时为难处。

重②巽以申命。

释卦义也，巽顺而入，必究乎下，命令之象。"重巽"，故为"申命"也。

刚巽乎中正而志行，柔皆顺乎刚，是以小亨。利有攸往，利见大人。

以卦体释卦辞。"刚巽乎中正而志行"，指九五。"柔"，谓初四。

兑，说也。

释卦名义。

刚中而柔外，说以利贞，是以顺乎天而应乎人。说以先③民，民忘其劳。说以犯难④，民忘其死。说之大民劝矣哉。

以卦体释卦辞而极言之。

---

① 食，如字。或作蚀，非。
② 重，直龙反。
③ 先，西荐反。又如字。
④ 难，乃旦反。

涣，亨。刚来而不穷，柔得位乎外而上同。

以卦变释卦辞。

王假有庙，王乃在中也。

"中"，谓庙中。

利涉大川，乘木有功也。

节，亨，刚柔分而刚得中。

以卦体释卦辞。

苦节不可贞，其道穷也。

又以理言。

说以行险，当位以节，中正以通。

又以卦德卦体言之，"当位"、"中正"，指五。又坎为通。

天地节而四时成。节以制度，不伤财，不害民。

极言节道。

中孚，柔在内而刚得中。说而巽，孚乃化邦也。

以卦体、卦德释卦名义。

豚鱼吉，信及豚鱼也。利涉大川，乘木舟虚也。

以卦象言。

中孚以利贞，乃应乎天也。

信而正，则"应乎天"矣。

小过，小者过而亨也。

以卦体释卦名义与其辞。

过以利贞，与时行也。柔得中，是以"小事吉"也。

以二五言。

刚失位而不中，是以不可大事也。

以三四言。

有飞鸟之象焉。飞鸟遗之音，不宜上宜下大吉，上逆而下顺也。

以卦体言。

　　既济，亨。小者亨①也。

济下疑脱小字。

　　利贞，刚柔正而位当②也。

以卦体言。

　　初吉，柔得中也。

指六二。

　　终止则乱，其道穷也。

　　未济，亨，柔得中也。

指六五言。

　　小狐汔济，未出中也。濡③其尾无攸利，不续终也。虽不当位，刚柔应也。

────────

① 亨，许庚反。
② 位当，本或作"当位"，实非也。
③ 濡，如臾反。

周易本义卷五

周易象上传

"象"者，卦之上下两《象》，及两象之六爻，周公所系之辞也。

潜龙勿用，君子以自强①不息。

"天"，乾卦之象也。凡重卦皆取重义，此独不然者，天一而已。但言"天行"，则见其一日一周，而明日又一周，若重复之象，非至健不能也。君子法之，不以人欲害其天德之刚，则"自强"而"不息"矣。

潜龙勿用，阳在下也。

"阳"，谓九。"下"，谓潜。

"见龙在田"，德施普也。

终日乾乾，反复道也。

"反复"，重复践行之意。

或跃在渊，进无咎也。

可以进而不必进也。

飞龙在天，大人造②也。

"造"，犹作也。

亢龙有悔，盈不可久也。

用九，天德不可为首也。

---

① 强，其良反。

② 造，郑徂早反，为也。王肃七到反，就也，至也。刘歆父子作聚。

言阳刚不可为物先，故六阳皆变而吉。

"天行"以下，先儒谓之《大象》。"潜龙"以下，先儒谓之《小象》。后放此。

地势坤，君子以厚德载物。

"地"，坤之象，亦一而已。故不言重，而言其势之顺，则见其高下相因之无穷，至顺极厚，而无所不载也。

履霜坚冰，阴始凝①也。驯②致其道，至坚冰也。

按：《魏志》作"初六履霜"，今当从之。"驯"，顺习也。

六二之动，直以方也。不习无不利，地道光也。

含章可贞，以时发也。或从王事，知光③大也。

括囊无咎，慎不害也。

黄裳元吉，文在中也。

文在中而见于外也。

龙战于野，其道穷也。

用六永贞，以大终也。

初阴后阳，故曰"大终"。

云雷屯，君子以经纶④。

坎不言水而言"云"者，未通之意。"经纶"，治丝之事，经引之，纶理之也。屯难之世，君子有为之时也。

虽磐桓，志行正也。以贵下⑤贱，大得民也。

六二之难，乘刚也。十年乃字，反常也。

即鹿无虞，以从⑥禽也。君子舍之，往吝，穷也。

---

① 凝，鱼冰反。
② 驯，似遵反。向秀云：从也。徐：音训。此依郑义。
③ 光，音智，注同。
④ 纶，本又作论，同音伦，又鲁门反。
⑤ 下，遐嫁反。
⑥ 从，如字。郑、黄子用反。

求而往，明也。

屯其膏，施未光也。

泣血涟如，何可长也。

山下出泉，蒙。君子以果行①育德。

"泉"，水之始出者，必行而有渐也。

利用刑人，以正法也。

"发蒙"之初，法不可不正，惩戒所以正法也。

子克家，刚柔接也。

指二五之应。

勿用取女，行不顺也。

"顺"，当作慎，盖"顺""慎"古字通用。荀子"顺墨"作"慎墨"，且行不慎，于《经》意尤亲切，今当从之。

困蒙之吝，独远②实也。

实，叶韵去声。

童蒙之吉，顺以巽也。

利用御寇，上下顺也。

"御寇"以刚，上下皆得其道。

云上③于天，需。君子以饮食宴乐。

"云上于天"，无所复④为，待其阴阳之和而自雨尔。事之当需者，亦不容更有所为。但饮食宴乐，俟其自至而已。一有所为，则非需也。

需于郊，不犯难行也。利用恒无咎，未失常也。

---

① 行，下孟反，注及六三注《象》同。
② 远，于万反，下文同。
③ 上，时掌反。干宝云：升也。
④ 复，扶又反。

需于沙，衍^①在中也。虽小有言，以吉终也。

"衍"，宽意。以宽居中，不急进也。

需于泥，灾在外也。自我致寇，敬慎不败也。

"外"，谓外卦。"敬慎不败"，发明占外之占，圣人示人之意切矣。

需于血，顺以听也。

酒食贞吉，以中正也。

不速之客来，敬之终吉。虽不当位，未大失也。

以阴居上，是为当位，言"不当位"未详。

天与水违行，讼。君子以作事谋始。

天上水下，其行相违，作事谋始，讼端绝矣。

不永所事，讼不可长也。虽小有言，其辩明也。

不克讼，归逋窜^②也。自下讼上，患至掇^③也。

掇，自取也。

食旧德，从上吉也。

从上吉，谓随人则吉，明自主事则无成功也。

复即命渝安贞，不失也。

讼元吉，以中正也。

中则听不偏，正则断合理。

以讼受服，亦不足敬也。

地中有水，师。君子以容民畜众。

水不外于地，兵不外于民，故能养民则可以得众矣。

师出以律，失律凶也。

---

① 衍，以善反。徐怡战反。

② 窜，七乱反。徐：又七外反，逃也。

③ 掇，徐都活反。《说文》云：拾取也。郑本作惙，陟劣反，忧也。

在师中吉，承天宠①也。王三锡命，怀万邦也。

师或舆尸，大无功也。

左次无咎，未失常也。

知难而退，师之常也。

长子帅师，以中行也。弟子舆尸，使不当也。

大君有命，以正功也。小人勿用，必乱邦也。

圣人之戒深矣。

地上有水，比。先王以建万国，亲诸侯。

地上有水，水比于地，不容有间。建国亲侯，亦先王所以比于天下而无间者也。《象》意人来比我，此取我往比人。

比之初六，有它吉也。

比之自内，不自失也。

得正则不自失矣。

比之匪人，不亦伤乎。

外比于贤，以从上也。

显比之吉，位正中也。舍②逆取顺，失前禽也。邑人不诫，上使中也。

由上之德，使不偏也。

比之无首，无所终也。

以上下之象言之，则为"无首"。以终始之象言之，则为无终。无首则无终矣。

风行天上，小畜。君子以懿文德。

风有气而无质，能畜而不能久，故为小畜之象。"懿文德"，言未能厚积而远施也。

复自道，其义吉也。

---

① 宠，如字。郑云：光耀也。王肃作龙，云：宠也。

② 舍，音捨。

牵复在中，亦不自失也。

"亦"者，承上爻义。

夫妻反目，不能正室也。

程子曰：说辐反目，三自为也。

有孚惕出，上合志也。

有孚挛如，不独富也。

既雨既处，德积载也。君子征凶，有所疑也。

上天下泽，履。君子以辨上下，定民志。

程传备矣。

素履之往，独行愿也。

幽人贞吉，中不自乱也。

眇能视，不足以有明也。跛能履，不足以与行也。咥人之凶，位不当也。武人为于大君，志刚也。

愬愬终吉，志行也。

夬履贞厉，位正当也。

伤于所恃。

元吉在上，大有庆也。

若得元吉，则大有福庆也。

天地交，泰。后以裁成天地之道，辅相天地之宜，以左①右②民。

"财③成"以制其过，"辅相④"以补其不及。

拔茅征吉，志在外也。

包荒得尚于中行，以光大也。

---

① 左，音佐，注同。

② 右，音佑，注同。左右，助也。

③ 财，音才。徐才载反。荀作裁。

④ 相，息亮反，注同。

无往不复，天地际也。

翩翩不富，皆失实也。不戒以孚，中心愿也。

阴本居下，在上为"失实"。

以祉元吉，中以行愿也。

城复于隍，其命乱也。

命乱故复否，告命所以治之也。

天地不交，否。君子以俭德辟①难，不可荣以禄。

收敛其德，不形于外，以辟小人之难，人不得以禄位荣之。

拔茅贞吉，志在君也。

小人而变为君子，则能以爱君为念，而不计其私矣。

大人否亨，不乱群也。

言不乱于小人之群。

包羞，位不当也。

有命无咎，志行也

大人之吉，位正当也。

有命无咎，志行也。否终则倾，何可长也。

天与火，同人。君子以类族辨物。

天在上而火炎上，其性同也。"类族辨物"，所以审异而致同也。

出门同人，又谁咎也。

同人于宗，吝道也。

伏戎于莽，敌刚也。三岁不兴，安行也。

言不能行。

乘其墉，义弗克也。其吉，则困而反则也。

"乘其墉"矣，则非其力之不足也，特以义之弗克而不攻耳。

---

① 辟，上音避，下乃旦反。

能以义断，困而反于法则，故吉也。

同人之先，以中直也。大师相遇，言相克也。

"直"谓理直。

同人于郊，志未得也。

火在天上，大有。君子以遏①恶扬善，顺天休②命。

火在天上，所照者广，为大有之象。所有既大，无以治之，则
莠稂萌于其间矣。天命有善而无恶，故遏恶扬善，所以顺天。反之
于身，亦若是而已矣。

大有初九，无交害也。

大车以载，积中不败也。

公用亨于天子，小人害也。

匪其彭，无咎，明辨晢也。

"晢"，明貌。

厥孚交如，信以发志也。

一人之信，足以发上下之志也。

威如之吉，易③而无备也。

太柔则人将易之，而无畏备之心。

大有上吉，自天祐也。

地中有山，谦。君子以裒④多益寡，称⑤物平施⑥。

以卑蕴高，谦之象也。"裒多益寡"，所以称物之宜而平其施⑦。

①　遏，于葛反，止也。徐：又音谒。
②　休，虚虬反，美也。徐：又许求反。
③　易，以豉反。
④　裒，蒲侯反。郑、荀、董、蜀才作捊，云：取也。《字书》作掊。《广
雅》云：掊，减。
⑤　称，尺证反。
⑥　施，始豉反，注同。
⑦　施，始豉反。

损高增卑，以趋于平，亦谦之意也。

谦谦君子，卑以自牧①也。

鸣谦贞吉，中心得也。

劳谦君子，万民服也。

无不利㧑谦，不违则也。

言不为过。

利用侵伐，征不服也。

鸣谦，志未得也。可用行师，征邑国也。

阴柔无位，才力不足，故其志未得，而至于行师，然亦适足以治其私邑而已。

雷出地奋②，豫。先王以作乐崇德，殷③荐之上帝，以配祖考。

"雷出地奋"，和之至也。先王作乐，既象其声，又取其义。殷，盛也。

初六鸣豫，志穷凶也。

穷，谓满极。

不终日贞吉，以中正也。

盱豫有悔，位不当也。

由豫大有得，志大行也。

六五贞疾，乘刚也。恒不死，中未亡也。

冥豫在上，何可长也。

泽中有雷，随。君子以向④晦入宴⑤息。

----

① 牧，牧养之牧。徐：音目，一音茂，

② 奋，方问反。

③ 殷，于勤反。马云：盛也。《说文》云：作乐之盛称殷。京作隐。

④ 向，本又作向，许亮反。王肃本作乡，音同。

⑤ 宴，徐：乌练反。王肃：乌显反。

雷藏泽中，随时休息。

官有渝，从正吉也。出门交有功，不失也。

系小子，弗兼与也。

系丈夫，志舍下也。

随有获，其义凶也。有孚在道，明功也。

孚于嘉，吉。位正中也。

拘系之，上穷也。

"穷"，极也。

山下有风，蛊。君子以振①民育②德。

"山下有风"，物坏而有事矣。而事莫大于二者，乃治己治人之道也。

干父之蛊，意承考也。

干母之蛊，得中道也。

干父之蛊，终无咎也。

裕父之蛊，往未得也。

干父用誉，承以德也。

不事王侯，志可则也。

泽上有地，临。君子以教思③无穷，容保民无疆。

地临于泽，上临下也。二者皆临下之事，教之无穷者兑也，容之无疆者坤也。

咸临，贞吉，志行正也。

咸临，吉无不利，未顺命也。

未详。

甘临，位不当也。既忧之，咎不长也。

---

① 振，旧之慎反，济也。师读音音真。振，仁厚也。

② 育，王肃作毓，古育字。

③ 思，息吏反，注同。

至临，无咎。位当也。

大君之宜，行中之谓也。

敦临之吉，志在内也。

风行地上，观。先王以省①方观民设教。

"省方"以"观民"，"设教"以为"观"。

初六，童观，小人道也。

窥观女贞，亦可丑也。

在丈夫则为丑也。

观我生进退，未失道也。

观国之光，尚宾也。

观我生，观民也。

此夫子以义言之。明人君观己所行，不但一身之得失，又当观民德之善否，以自省察也。

观其生，志未平也。

"志未平"，言虽不得位，未可忘戒惧也。

雷电，噬嗑。先王以明罚敕②法。

"雷电"当作"电雷"。

屦校灭趾，不行也③。

"灭趾"，又有不进于恶之象。

噬肤灭鼻，乘刚也。

遇毒，位不当也。

利艰贞吉，未光也。

贞厉无咎，得当也。

何校灭耳，聪不明也。

---

① 省，悉井反。

② 敕，耻力反。此俗字也。《字林》作勅。郑云：敕犹理也。一云整也。

③ 不行也，本或作"止不行也"。

"灭耳"，盖罪其听之不聪也。若能审听而早图之，则无此凶矣。

山下有火，贲。君子以明庶政，无敢折狱。

"山下有火"，明不及远。"明庶政"，事之小者。"折狱"，事之大者。内离明而外艮止，故取象如此。

舍车而徒，义弗乘也。

君子之取舍，决于义而已。

贲其须，与上兴也。

永贞之吉，终莫之陵也。

六四，当位疑也。匪寇婚媾，终无尤也。

"当位疑"，谓所当之位可疑也。"终无尤"，谓若守正而不与，亦无它患也。

六五之吉，有喜也。

白贲无咎，上得志也。

山附于地，剥。上以厚下安宅。

剥床以足，以灭下也。

剥床以辨，未有与也。

言未大盛。

剥之无咎，失上下也。

"上下"，谓四阴。

剥床以肤，切近灾也。

以宫人宠，终无尤也。

君子得舆，民所载也。小人剥庐，终不可用也。

雷在地中，复。先王以至日闭关，商旅①不行，后不省方。

---

① 商旅，郑云：资货而行曰商。旅，客也。

安静以养微阳也。月令，是月斋戒，掩身以待阴阳之所定。

不远之复，以修身也。

休复之吉，以下仁也。

频复之厉，义无咎也。

中行独复，以从道也。

敦复无悔，中以自考①也。

"考"，成也。

迷复之凶，反君道也。

天下雷行，物与无妄。先王以茂对时②育万物。

"天下雷行"，震动发生，万物各正其性命，是物物而与之以无妄也。先王法此以对时育物，因其所性，而不为私焉。

无妄之往，得志也。

不耕获，未富也。

"富"，如非富天下之富，言非计其利而为之也。

行人得牛，邑人灾也。

可贞无咎，固有之也。

"有"，犹守也。

无妄之药，不可试③也。

既已无妄，而复药之，则反为妄而生疾矣。"试"，谓少尝之也。

无妄之行，穷之灾也。

天在山中，大畜。君子以多识④前言往行⑤，以畜

---

① 考，郑云：考，成也。向云：察也。

② 茂对时，茂，盛也。马云：茂，勉也。对，配也。

③ 可试，试，验。一云用也。

④ 多识，如字，又音试。刘作志。

⑤ 行，下孟反。

其德。

"天在山中"，不必实有是事，但以其象言之耳。

有厉利已，不犯灾也。

舆说辐，中无尤也。

利有攸往，上合志也。

六四元吉，有喜也。

六五之吉，有庆也。

何天之衢，道大行也。

山下有雷，颐。君子以慎言语，节饮食。

二者养德养身之切务。

观我朵颐，亦不足贵也。

六二征凶，行失类也。

初上皆非其类也。

十年勿用，道大悖也。

颠颐之吉，上施光也。

居贞之吉，顺以从上也。

由颐厉吉，大有庆也。

泽灭木，大过。君子以独立不惧，遁世无闷。

"泽灭于木"，大过之象也。不惧无闷，大过之行也。

藉用白茅，柔在下也。

老夫女妻，过以相与也。

栋桡之凶，不可以有辅也。

栋隆之吉，不桡①乎下也。

枯杨生华，何可久也。老妇士夫，亦可丑也。

过涉之凶，不可咎也。

---

① 桡，乃孝反。

水洊①至，习坎。君子以常德行②，习教事。

治己治人，皆必重习，然后熟而安之。

　习坎入坎，失道凶也。

　求小得，未出中也。

　来之坎坎，终无功也。

　樽酒簋③贰，刚柔际也。

晁氏曰：陆氏《释文》本无"贰"字，今从之。

　坎不盈，中未大也。

有中德而未大。

　上六失道，凶三岁也。

　明两作④，离。大人以继明照于四方。

作，起也。

　履错之敬，以辟咎也。

　黄离元吉，得中道也。

　日昃之离，何可久也。

　突如其来如，无所容也。

"无所容"，言"焚""死""弃"也。

　六五之吉，离⑤王公也。

　王用出征，以正邦也。

周易本义卷五

---

　① 洊，在荐反。徐在闷反。旧又才本反。《尔雅》云：再也。刘云：仍也。京作臻。干作荐。

　② 行，下孟反，注同。

　③ 簋，音轨。绝句。

　④ 作，郑云：作，起也。荀云：用也。

　⑤ 离，音丽。郑作丽。王肃云：丽王者之后为公。梁武力智反。王嗣宗同。

周易本义卷六

周易象下传

　　山上有泽，咸。君子以虚受人。

山上有泽，以虚而通也。

　　咸其拇，志在外也。

　　虽凶居吉，顺不害也。

　　咸其股，亦不处也。志在随人，所执下也。

言"亦"者，因前二爻皆欲动而云也。二爻阴躁，其动也宜。九三阳刚，居止之极，宜静而动，可吝之甚也。

　　贞吉悔亡，未感害也。憧憧往来，未光大也。

"感害"，言不正而感，则有害也。

　　咸其脢，志末也。

"志末"，谓不能感物。

　　咸其辅颊舌，滕①口说②也。

"滕""腾"通用。

　　雷风，恒。君子以立不易方。

　　浚恒之凶，始求深也。

　　九二悔亡，能久中也。

---

① 滕，徒登反，达也。九家作乘。虞作腾。郑云：送也。

② 说，如字，注同。徐：音脱，又始锐反。

不恒其德，无所容也。

久非其位，安得禽也。

妇人贞吉，从一而终也。夫子制义，从妇凶也。

振恒在上，大无功也。

天下有山，遁。君子以远[①]小人，不恶而严。

天体无穷，山高有限，遁之象也。"严"者，君子自守之常，而小人自不能近。

遁尾之厉，不往何[②]灾也。

执用黄牛，固志也。

系遁之厉，有疾惫[③]也。畜臣妾吉，不可大事也。

君子好[④]遁，小人否也。

嘉遁贞吉，以正志也。

肥遁无不利，无所疑也。

雷在天上，大壮。君子以非礼弗履。

自胜者强。

壮于趾，其孚穷也。

言必困穷。

九二贞吉，以中也。

小人用壮，君子罔也。

小人以壮败，君子以罔困。

藩决不羸，尚往也。

丧羊于易，位不当也。

---

① 远，袁万反。

② 何，音河。褚河可反。今不用。

③ 惫，蒲拜反。郑云：困也。《广雅》云：极也。王肃作毙。荀作备。

④ 好，呼报反，注下同。

不能退不能遂，不详①也。艰则吉，咎不长也。

明出地上，晋。君子以自昭明德。

"昭"，明之也。

晋如摧如，独行正也。裕无咎，未受命也。

初居下位，未有官守之命。

受兹介福，以中正也。

众允之，志上行也。

鼫鼠贞厉，位不当也。

失得勿恤，往有庆也。

维用伐邑，道未光也②。

明入地中，明夷。君子以莅③众，用晦而明。

君子于行，义不食也。

惟义所在不食可也。

六二之吉，顺以则也。

南狩之志，乃大得也。

入于左腹，获心意也。

箕子之贞，明不可息也。

初登于天，照四国也。后入于地，失则也。

"照四国"，以位言。

风自火出，家人。君子以言有物而行有恒。

身修则家治矣。

闲有家，志未变也。

---

① 详，审也。郑、王肃作祥，善也。

② 未光也，一本作"志未光也"。

③ 莅，履二反，又律秘反。

志未变而豫防之。

六二之吉，顺以巽也。

家人嗃嗃，未失也。妇子嘻嘻，失家节也。

富家大吉，顺在位也。

王假有家，交相爱也。

程子曰：夫爱其内助，妇爱其刑家。

威如之吉，反身之谓也。

谓非作威也，反身自治，则人畏服之矣。

上火下泽，睽。君子以同而异。

二卦合体，而性不同。

见恶人，以辟咎也。

遇主于巷，未失道也。

本其正应，非有邪也。

见舆曳，位不当也。无初有终，遇刚也。

交孚无咎，志行也。

厥宗噬肤，往有庆也。

遇雨之吉，群疑亡也。

山上有水，蹇。君子以反身修德。

往蹇来誉，宜待也①。

王臣蹇蹇，终无尤也。

事虽不济，亦无可尤。

往蹇来反，内喜②之也。

往蹇来连，当位实也。

大蹇朋来，以中节也。

---

① 宜待也，张本作"宜时也"。郑本"宜待时也"。

② 喜，如字。徐许意反，犹好也。

往蹇来硕，志在内也。利见大人，以从贵也。

雷雨作，解。君子以赦过宥①罪。
刚柔之际，义无咎也。
九二贞吉，得中道也。
负且乘，亦可丑也。自我致戎，又谁咎也。
解而拇，未当位也。
君子有解，小人退也。
公用射隼，以解②悖也。

山下有泽，损。君子以惩忿③窒欲。
君子修身所当损者，莫切于此。
已事遄往，尚合志也。
"尚""上"通。
九二利贞，中以为志也。
一人行，三则疑也。
损其疾，亦可喜也。
六五元吉，自上祐④也。
弗损益之，大得志也。

风雷，益。君子以见善则迁，有过则改。
风雷之势，交相助益，迁善改过，益之大者，而其相益亦犹是也。
元吉无咎，下不厚事也。

---

① 宥，音又。京作九。
② 解，佳买反。
③ 忿，芳粉反。
④ 祐，音又，本亦作佑。

下本不当任厚事，故不如是，不足以塞咎也。

或益之，自外来也。

"或"者，众无定主之辞。

益用凶事，固有之也。

"益用凶事"，欲其困心衡虑而"固有之"也。

告公从，以益志也。

有孚惠心，勿问之矣。惠我德，大得志也。

莫益之，偏①辞也。或击之，自外来也。

"莫益之"者，犹从其求益之偏辞而言也。若究而言之，则又有击之者矣。

泽上于天，夬。君子以施禄及下，居德则忌。

"泽上于天"，溃决之势也。"施禄及下"，溃决之意也。"居德则忌"未详。

不胜而往，咎也。

有戎勿恤，得中道也。

君子夬夬，终无咎也。

其行次且，位不当也。闻言不信，聪不明也②。

中行无咎，中未光也。

《程传》备矣。

无号之凶，终不可长也。

天下有风，姤。后以施命诰③四方。

---

① 偏，音篇。孟作遍，云：周匝也。

② 聪不明也，马云：耳无所闻。郑云：目不明，耳不聪。王肃云：言其聪之不明。

③ 诰，李：古报反。郑作诘，起一反，正也。王肃同。姤，徐乃履反，又女纪反。《广雅》云：止也。《说文》作遘，云：络丝跌也，读若昵。《字林》音乃米反。王肃作扭，从手。子夏作鈲。蜀才作尼，止也。

系于金柅，柔道牵也。

"牵"，进也，以其进，故止之。

包有鱼，义不及宾也。

其行次且，行未牵也。

无鱼之凶，远①民也。

民之去己，犹己远之。

九五含章，中正也。有陨自天，志不舍命也。

姤其角，上穷吝也。

泽上于地，萃。君子以除②戎器，戒不虞。

"除"者，修而聚之之谓。

乃乱乃萃，其志乱也。

引吉无咎，中未变也。

往无咎，上巽也。

大吉无咎，位不当也。

萃有位，志未光也。

"未光"，谓匪孚。

赍咨涕洟，未安上也。

地中生木，升。君子以顺③德，积小以高大④。

王肃本"顺"作"慎"，今案他书引此，亦多作"慎"，意尤明白，盖古字通用也。说见《上篇》蒙卦。

允升大吉，上合志也。

九二之孚，有喜也。

---

① 远，袁万反。

② 除，如字。本亦作储，又作治。王肃、姚、陆云：除犹修治。师同。郑云：除去也。蜀才云：除去戎器，修行文德也。荀作虑。

③ 顺，本又作慎，师同。姚本德作得。

④ 以高大，本或作"以成高大"。

升虚邑，无所疑也。

王用亨于岐山，顺事也。

以顺而升，登祭于山之象。

贞吉升阶，大得志也。

冥升在上，消不富也。

泽无水，困。君子以致命遂志。

水下漏，则泽上枯，故曰"泽无水"。"致命"，犹言授命。言持以与人而不之有也，能如是则虽困而亨矣。

入于幽谷，幽不明也。

困于酒食，中有庆也。

据于蒺藜，乘刚也。入于其宫，不见其妻，不祥也。

来徐徐，志在下也。虽不当位，有与也。

劓刖，志未得也。乃徐有说，以中直也。利用祭祀，受福也。

困于葛藟，未当也。动悔有悔吉，行也。

木上有水，井。君子以劳①民劝相②。

木上有水，津润上行，井之象也。"劳民"者以君养民，"劝相"者使民相养，皆取井养③之义。

井泥不食，下也。旧井无禽，时舍也。

言为时所弃。

井谷射鲋，无与也。

井渫不食，行恻也。求王明，受福也。

"行恻"者，行道之人，皆以为恻也。

井甃无咎，修井也。

―――――――

① 劳，力报反，注同。
② 相，息亮反，注同。王肃如字。
③ 养，如字。徐以上反。

寒泉之食，中正也。

元吉在上，大成也。

泽中有火，革。君子以治历明时。

四时之变，革之大者。

巩用黄牛，不可以有为也。

巳日革之，行有嘉也。

革言三就，又何之矣。

言已审。

改命之吉，信志也。

大人虎变，其文炳①也。

君子豹变，其文蔚②也。小人革面，顺以从君也。

木上③有火，鼎。君子以正位凝④命。

鼎，重器也。故有"正位凝命"之意。"凝"，犹至道不凝之凝，《传》所谓协于上下以承天休者也。

鼎颠趾，未悖⑤也。利出否，以从贵也。

鼎而"颠趾"，悖道也。而因可"出否以从贵"，则未为悖也。"从贵"，谓应四，亦为取新之意。

鼎有实，慎所之也。我仇有疾，终无尤也。

有实而不慎其所往，则为仇所即而陷于恶矣。

鼎耳革，失其义也。

覆公𫗧，信如何也。

言失信也。

---

① 炳，兵领反。

② 蔚，音尉，又纡弗反。《广雅》云：茂也，数也。《说文》作斐。

③ 上，如字。师又时掌反。

④ 凝，鱼承反，严貌。郑云：成也。翟作拟，云：度也。

⑤ 悖，必内反，逆也。

鼎黄耳，中以为实也。

玉铉在上，刚柔节也。

洊①雷，震。君子以恐惧修省。

震来虩虩，恐致祸也。笑言哑哑，后有则也。

震来厉，乘刚也。

震苏苏，位不当也。

震遂泥，未光也。

震往来厉，危行也。其事在中，大无丧也。

震索索，中未得也。虽凶无咎，畏邻戒也。

"中"，谓中心。

兼山，艮。君子以思不出其位。

艮其趾，未失正也。

不拯其随，未退听也。

三止乎上，亦不肯退而听乎二也。

艮其限，危薰心也。

艮其身，止诸躬也。

艮其辅，以中正也。

"正"字羡文，叶韵可见。

敦艮之吉，以厚终也。

山上有木，渐。君子以居贤德善俗②。

二者皆当以"渐"而进。疑"贤"字衍，或"善"下有脱字。

小子之厉，义无咎也。

饮食衎衎，不素饱也。

---

① 洊，在荐反，徐：又在闷反。

② 善俗，王肃本作"善风俗"。

"素饱"，如《诗》言"素餐"。得之以道。是不为徒饱而处之安矣。

夫征不复，离^①群丑也。妇孕不育，失其道也。利用御寇，顺相保也。

或得其桷，顺以巽也。

终莫之胜吉，得所愿也。

其羽可用为仪，吉。不可乱也。

渐进愈高，而不为无用。其志卓然，岂可得而乱哉！

泽上有雷，归妹。君子以永终知敝。

雷动泽随，归妹之象。君子观其合之不正，知其终之有敝也。推之事物，莫不皆然。

归妹以娣，以恒也。跛能履吉，相承也。

恒，谓有常久之德。

利幽人之贞，未变常也。

归妹以须，未当也。

愆期之志，有待而行也。

帝乙归妹，不如其娣之袂良也。其位在中，以贵行也。

以其有中德之贵而行，故不尚饰。

上六无实，承虚筐也。

雷电皆至，丰。君子以折^②狱致刑。

取其威照并行之象。

虽旬无咎，过旬灾也。

戒占者不可求胜其配，亦爻辞外意。

有孚发若，信以发志也。

---

① 离，力智反。郑云：犹去也。

② 折，之舌反，断也。下及注同。

丰其沛，不可大事也。折其右肱，终不可用也。

丰其蔀，位不当也。日中见斗，幽不明也。遇其夷主吉，行也。

六五之吉，有庆也。

丰其屋，天际①翔②也。窥其户，阒其无人，自藏③也。

"藏"，谓障蔽。

山上有火，旅。君子以明慎用刑而不留狱。

慎刑如山，不留如火。

旅琐琐，志穷灾也。

得童仆贞，终无尤也。

旅焚其次，亦以伤矣。以旅与下，其义丧也。

以旅之时，而与下之道如此，义当丧也。

旅于处，未得位也。得其资斧，心未快也。

终以誉命，上逮④也。

"上逮"，言其誉命闻于上也。

以旅在上，其义焚也⑤。丧牛于易，终莫之闻也。

随风，巽。君子以申命行事。

"随"，相继之义。

进退，志疑也。利武人之贞，志治⑥也。

纷若之吉，得中也。

频巽之吝，志穷也。

---

① 际，如字。郑云：当为瘵。瘵，病也。

② 翔，郑、王肃作祥。

③ 藏，如字。众家作戕，慈羊反。马、王肃云：残也。郑云：伤也。

④ 逮，音代，一音大计反。

⑤ 其义焚也。马云：义，宜也。一本作"宜其焚也"。

⑥ 治，直吏反。

田获三品，有功也。

九五之吉，位正中也。

巽在床下，上穷也。丧其资斧，正乎凶也。

正乎凶，言必凶。

丽泽①，兑。君子以朋友讲习。

两泽相丽，互相滋益。"朋友讲习"，其象如此。

和兑之吉，行未疑也。

居卦之初，其说也正，未有所疑也。

孚兑之吉，信志也。

来兑之凶，位不当也。

九四之喜，有庆也。

孚于剥，位正当也。

与《履·九五》同。

上六引兑，未光也。

风行水上，涣。先王以享于帝立庙。

皆所以合其散。

初六之吉，顺也。

涣奔其机，得愿也。

涣其躬，志在外也。

涣其群元吉，光大也。

王居无咎，正位也。

涣其血，远②害也。

泽上有水，节。君子以制数度，议德行。

---

① 丽泽，如字。丽，连也。郑作离，云：犹并也。

② 远，袁万反。

不出户庭，知通塞也。

不出门庭凶，失时极也。

不节之嗟，又谁咎也。

此无咎与诸爻异，言无所归咎也。

安节之亨，承上道也。

甘节之吉，居位中也。

苦节贞凶，其道穷也。

泽上有风，中孚。君子以议狱缓死。

风感水受，中孚之象，"议狱缓死"，中孚之意。

初九虞吉，志未变也。

其子和之，中心愿也。

或鼓或罢，位不当也。

马匹亡，绝类上也。

有孚挛如，位正当也。

翰音登于天，何可长也。

山上有雷，小过。① 乎恭，丧过乎哀，用过乎俭。

"山上有雷"，其声小过。三者之过，皆小者之过，可过于小而不可过于大。可以小过而不可甚过，《象》所谓"可小事而宜下"者也。

飞鸟以凶，不可如何也。

不及其君。臣不可过也。

所以不及君而还遇臣者，以"臣不可过"故也。

从或戕之，凶如何也。

弗过遇之，位不当也。往厉必戒，终不可长也。

爻义未明，此亦当阙。

---

① 君子以行过，下孟反。

密云不雨，已上也①。

"已上"，太高也。

弗遇过之，已亢也。

水在火上，既济。君子以思患而豫防之。

曳其轮，义无咎也。

七日得，以中道也。

三年克之，惫②也。

终日戒，有所疑也。

东邻杀牛，不如西邻之时也。实受其福，吉大来也。

濡其首厉，何可久也。

火在水上，未济。君子以慎辨物居方。

水火异物，各居其所，故君子观象而审辨之。

濡其尾，亦不知极也。

"极"字未详。考上下韵亦不叶，或恐是"敬"字，今且阙之。

九二贞吉，中以行正也。

九居二，本非正，以中，故得正也。

未济征凶，位不当也。

贞吉悔亡，志行也。

君子之光，其晖③吉也。

"晖"者，光之散也。

饮酒濡首，亦不知节也。

---

① 已上也，并如字。上又时掌反，注同。郑作尚，云：庶几也。

② 惫，备拜反。

③ 晖，许归反，字又作辉。

周易本义卷七

系①辞上传

"系辞"，本谓文王周公所作之辞，系于卦爻之下者，即今《经》文。此篇乃孔子所述《系辞》之《传》也，以其通论一《经》之大体凡例，故无《经》可附，而自分上下云。

天尊地卑②，乾坤定矣。卑高以陈，贵贱位矣。动静有常，刚柔断矣。方以类聚，物以群分，吉凶生矣。在天成象，在地成形，变化见矣。

"天地"者，阴阳形气之实体。"乾坤"者，《易》中纯阴纯阳之卦名也。"卑高"者，天地万物上下之位。"贵贱"者，《易》中卦爻上下之位也。"动"者，阳之常。"静"者，阴之常。"刚柔"者，《易》中卦爻阴阳之称也。"方"，谓事情所向，言事物善恶，各以"类"分。而"吉凶"者，《易》中卦爻占决之辞也。"象"者，日月星辰之属。"形"者，山川动植之属。"变化"者，《易》中蓍策卦爻，阴变为阳，阳化为阴者也。此言圣人作《易》，因阴阳之实体，为卦爻之法象。庄周所谓《易》以道阴阳，此之谓也。

是故刚柔相摩③，八卦相荡④。

---

① 繫，徐：胡诣反，本系也。又音係，续也。字从毄。若直作毄下糸者，音口奚反，非。

② 卑，如字，又音婢。本又作坤，同。

③ 摩，本又作磨，末何反。京云：相，硙切也。硙音古代反。马云：摩，切也。郑注《礼记》云：迫也。迫音百。

④ 荡，众家作荡。王肃音唐党反。马云：除也。桓云：动也。唯韩云：相推荡。

　　此言《易》卦之变化也。六十四卦之初，刚柔两画而已。两相摩而为四，四相摩而为八，八相荡而为六十四。

　　鼓①之以雷霆②，润之以风雨。日月运行③，一寒一暑。

　　此变化之成象者。

　　乾道成男，坤道成女。

　　此变化之"成形"者，此两节又明《易》之见于实体者，与上文相发明也。

　　乾知大始，坤作④成物。

　　"知"，犹主也。乾主始物，而坤作成之，承上文男女而言乾坤之理。盖凡物之属乎阴阳者，莫不如此。大抵阳先阴后，阳施阴受，阳之轻清未形，而阴之重浊有迹也。

　　乾以易⑤知，坤以简能⑥。

　　乾健而动，即其所知，便能始物而无所难，故为以易而知"大始"。坤顺而静，凡其所能，皆从乎阳而不自作，故又为以简而能"成物"。

　　易则易知，简则易从。易知则有亲，易从则有功。有亲则可久，有功则可大。可久则贤人之德，可大则贤人之业。

　　人之所为，如乾之易，则其心明白而人易知，如坤之简，则其事要约而人易从。"易知"，则与之同心者多，故"有亲"。"易从"，则与之协力者众，故"有功"。有亲则一于内，故"可久"。有功则兼于外，故"可大"。"德"，谓得于己者。"业"，谓成于事者。上言乾坤之德不同，此言人法乾坤之道至此，则可以为贤矣。

---

　　① 鼓，虞、陆、董皆云：鼓，鼓动也。

　　② 霆，王肃、吕忱音庭。徐：又徒鼎反，又音定。京云：霆者雷之余气，挺生万物也。《说文》同。蜀才云：疑为电。

　　③ 运行，姚作"违行"。

　　④ 坤作，虞、姚作"坤化"。姚云：化当为作。

　　⑤ 易，以豉反，讫章末同。郑、荀、董并音亦。

　　⑥ 简能，如字。姚云：能当为从。

易简，而天下之理得矣。天下之理得，而成位乎其中①矣。

"成位"，谓成人之位。"其中"，谓天地之中。至此则体道之极功，圣人之能事，可以与天地参矣。

此第一章。以造化之实，明作《经》之理。又言乾坤之理，分见于天地，而人兼体之也。

圣人设卦观象，系辞焉而明吉凶②。

象者，物之似也。此言圣人作《易》，观卦爻之象，而系以辞也。

刚柔相推而生变化。

言卦爻阴阳迭相推荡，而阴或变阳，阳或化阴。圣人所以观象而系辞，众人所以因蓍而求卦者也。

是故吉凶者，失得之象也。悔吝者，忧虞之象也。

"吉凶""悔吝"者，《易》之辞也。"失得""忧虞"者，事之变也。得则吉，失则凶，忧虞虽未至凶，然已足以致悔而取羞矣。盖"吉凶"相对，而"悔吝"居其中间，"悔"自凶而趋吉，"吝"自吉而向凶也。故圣人观卦爻之中，或有此象，则系之以此辞也。

变化者，进退之象也。刚柔者，昼夜之象也。六爻之动，三极③之道也。

柔变而趋于刚者，退极而进也。刚化而趋于柔者，进极而退也。既变而刚，则昼而阳矣。既化而柔，则夜而阴矣。六爻初二为地，三四为人，五上为天。"动"，即变化也。"极"，至也。"三极"，天地人之至理，三才各一太极也。此明刚柔相推以生变化，而变化之极，复为刚柔。流行于一卦六爻之间，而占者得因所值以断吉凶也。

---

① 而成位乎其中，马、王肃作"而易成位乎其中"。

② 焉而明吉凶，虞本更有"悔吝"二字。

③ 三极，陆云：极，至也。马云：三统也。郑、韩云：三才也。王肃云：阴阳、刚柔、仁义为三极。

是故君子所居而安者,《易》之序也。所乐①而玩者,
爻之辞也。

"《易》之序",谓卦爻所著事理当然之次第。"玩"者,观
之详。

是故君子居则观其象而玩其辞,动则观其变而玩其
占,是以自天祐②之,吉无不利。

象辞变已见上,凡单言"变"者,化在其中。"占",谓其所值
吉凶之次也。

此第二章,言圣人作《易》,君子学《易》之事。

象者,言乎象者也。爻者,言乎变者也。

"象",谓卦辞,文王所作者。"爻",谓爻辞,周公所作者。
"象",指全体而言,"变",指一节而言。

吉凶者,言乎其失得也。悔吝者,言乎其小疵③也。
无咎者,善补过也。

此卦爻辞之通例。

是故列贵贱者存乎位,齐小大者存乎卦,辨吉凶者存
乎辞。

"位",谓六爻之位。"齐",犹定也。"小"谓阴,"大"谓阳。

忧悔吝者存乎介④,震⑤无咎者存乎悔。

"介",谓辨别之端,盖善恶已动而未形之时也。于此忧之,则
不至于"悔吝"矣。震,动也。知悔,则有以动其补过之心,而可
以无咎矣。

是故卦有小大,辞有险易⑥。辞也者,各指其所之。

---

① 所乐,音岳,适会也。虞本作"所变"。

② 祐,音又,后同。

③ 疵,徐:才斯反。马云:瑕也。

④ 介,音界,注同。王肃、干、韩云:纤介也。

⑤ 震,马云:震惊也。郑云:惧也。王肃、韩云:动也。周云:威也。

⑥ 易,以豉反,注同。京云:险,恶也;易,善也。

"小"险"大"易，各随所向。

此第三章，释卦爻辞之通例。

《易》与天地准①，故能弥②纶③天地之道。

《易》书卦爻，具有天地之道，与之齐准。"弥"，如弥缝之弥，有终竟联合之意。"纶"，有选择条理之意。

仰以观于天文，俯④以察于⑤地理，是故知幽明之故。原始反终⑥，故知死生之说⑦。精气为物，游魂为变，是故知鬼神之情状。

此穷理之事。"以"者，圣人以《易》之书也。"易"者，阴阳而已，"幽明""死生""鬼神"，皆阴阳之变，天地之道也。"天文"则有昼夜上下，"地理"则有南北高深。"原"者，推之于前。"反"者，要之于后，阴精阳气，聚而成物，"神"之伸也，魂游魄降，散而为变，"鬼"之归也。

与天地相似，故不违。知周乎万物而道济⑧天下，故不过。旁行而不流⑨，乐⑩天知命，故不忧。安土敦乎仁，故能爱。

此圣人尽⑪性之事也，天地之道，知仁而已，知周万物者，天也。道济天下者，地也。"知"且"仁"，则知而不过矣。"旁行"

---

① 准，如字。京云：准，等也。郑云：中也，平也。

② 弥，如字。本又作弭。

③ 纶，音伦。京云：弥，遍；纶，知也。王肃云：纶，缠裹也。荀云：弥，终也；纶，迹也。

④ 俯，音甫。

⑤ 察于，一本作"观于"。

⑥ 反终，郑、虞作"及终"。

⑦ 说，如字。宋衷始锐反，云：舍也。

⑧ 道济，如字。郑云：道当作导。

⑨ 不流，如字。京作留。

⑩ 乐，音洛，注同。虞作"变天"。

⑪ 尽，津忍反。

者，行权之知也。"不流"者，守正之仁也。既乐天理，而又知天命，故能无忧而其知益深，随处皆安而无一息之不仁，故能不忘其济物之心，而仁益笃。盖仁者爱之理，爱者仁之用，故其相为表里如此。

范围①天地之化而不过，曲成万物而不遗，通乎昼夜之道而知②，故神无方而《易》无体。

此圣人至命之事也。"范"，如铸金之有模范。"围"，匡郭也。天地之化无穷，而圣人为之"范围"，不使过于中道，所谓"裁成"者也。"通"，犹兼也。"昼夜"，即幽明死生鬼神之谓，如此然后可见至神之妙，无有方所。《易》之变化，无有形体也。

此第四章，言《易》道之大，圣人用之如此。

一阴一阳之谓道。

阴阳迭运者，气也。其理则所谓道。

继之者善也，成之者性也。

道具于阴而行乎阳。"继"，言其发也。"善"，谓化育之功，阳之事也。"成"，言其具也。"性"，谓物之所受，言物生则有性，而各具是道也，阴之事也。周子程子之书，言之备矣。

仁者见之谓之仁，知者见之谓之知，百姓日用而不知，故君子之道鲜③矣。

"仁"阳"知"阴，各得是道之一隅，故随其所见而目为全体也。"日用不知"，则莫不饮食，鲜能知味者，又其每下者也。然亦莫不有是道焉。或曰：上章以知属乎天，仁属乎地，与此不同，何也？曰：彼以清浊言，此以动静言。

显诸仁，藏④诸用，鼓万物而不与圣人同忧，盛德大

---

① 范围，郑云：范，法也。马、王肃、张作"犯违"。张云：犯违，犹裁成也。

② 知，如字。荀爽、荀柔之、明僧绍音智。

③ 鲜，悉浅反，注同。师说云：尽也。郑作尠。马、郑、王肃云：少也。

④ 藏，才刚反。郑作臧，云：善也。

业至矣哉！

"显"，自内而外也。"仁"，谓造化之功，德之发也。"藏"，自外而内也。"用"，谓机缄之妙，业之本也。程子曰：天地无心而成化，圣人有心而无为。

富有之谓大业，日新之谓盛德。

张子曰：富有者，大而无外。日新者，久而无穷。

生生之谓易。

阴生阳，阳生阴，其变无穷，理与书皆然也。

成象①之谓乾，效法之谓坤。

"效"，呈也。"法"，谓造化之详密而可见者。

极数知来之谓占，通变之谓事。

"占"，筮也。事之未定者，属乎阳也。"事"，行事也。占之已决者，属乎阴也。"极数知来"，所以通事之变。张忠定公言"公事有阴阳"，意盖如此。

阴阳不测之谓神。

张子曰：两在故"不测"。

此第五章，言道之体用不外乎阴阳，而其所以然者，则未尝倚于阴阳也。

夫《易》，广矣大矣。以言乎远则不御②，以言乎近则静而正，以言乎天地之间则备矣。

"不御"，言无尽，"静而正"，言即物而理存。"备"，言无所不有。

夫乾，其静也专③，其动也直，是以大生焉。夫坤，其静也翕④，其动也辟⑤，是以广生焉。

---

① 成象，蜀才作"盛象"。
② 御，鱼吕反，禁止也。
③ 专，如字。陆作抟，音同。
④ 翕，虚级反，敛也。
⑤ 辟，舞亦反，开也。

乾坤各有动静，于其四德见①之。静体而动用，静别而动交也。乾一而实，故以质言而曰"大"，坤二而虚，故以量言而曰"广"。盖天之形虽包于地之外，而其气常行乎地之中也。《易》之所以广大者以此。

广大配天地，变通配四时，阴阳之义配日月，易简之善配至德。

《易》之广大变通，与其所言阴阳之说，易简之德，配之天道人事则如此。

此第六章。

子曰：《易》其至矣乎！夫《易》，圣人所以崇德而广业也。知崇礼卑，崇效天，卑法地。

"十翼"皆夫子所作，不应自著"子曰"字，疑皆后人所加也。穷理，则知崇如天而德崇。循理，则礼卑如地而业广。此其取类，又以清浊言也。

天地设位，而易行乎其中矣。成性存存，道义之门。

天地设位而变化行，犹知礼存性而道义出也。成性，本成之性也。存存，谓存而又存，不已之意也。

此第七章。

圣人有以见天下之赜②，而拟诸其形容，象其物宜，是故谓之象。

"赜"，杂乱也。"象"，卦之象，如说卦所列者。

圣人有以见天下之动，而观其会通，以行其典礼③，系辞焉以断其吉凶，是故谓之爻。

"会"，谓理之所聚而不可遗处。"通"，谓理之可行而无所碍处。如庖丁解牛，会则其族，而通则其虚也。

---

① 见，贤遍反。

② 赜，仕责反，下同。九家作册。京作啧，云：情也。

③ 典礼，京作"等礼"。姚作"典礼"。

言天下之至赜而不可恶也，言天下之至动而不可乱也①。

"恶"，犹厌也。

拟之而后言，议之②而后动，拟议以成其变化。

观象玩辞，观变玩占，而法行之。此下七爻，则其例也。

鸣鹤在阴，其子和之，我有好爵，吾与尔靡之。子曰：君子居其室，出其言善，则千里之外应之，况其近者乎？居其室，出其言不善，则千里之外违之，况其近者乎？言出乎身，加乎民，行发乎近，见③乎远。言行，君子之枢④机。枢机之发，荣辱之主也。言行，君子之所以动天地也，可不慎乎？

释《中孚·九二》爻义。

同人先号⑤咷⑥而后笑。子曰：君子之道，或出或处，或默⑦或语。二人同心，其利断金。同心之言，其臭⑧如兰。

释《同人·九五》爻义。言君子之道，初若不同，而后实无间，断金如兰，言物莫能间⑨，而其言有味也。

初六，藉用白茅，无咎。子曰：苟错⑩诸地而可矣，

---

① 言天下之至动而不可乱也，众家本并然。郑本作"至赜"，云：赜当为动。九家亦作册。

② 议之，郑、姚、桓玄、荀柔之作"仪之"。

③ 见，贤遍反。

④ 枢，尺朱反。王廙云：户枢也。一云门曰。

⑤ 号，户羔反。

⑥ 咷，道羔反。

⑦ 默，亡北反。字或作嘿。

⑧ 臭，昌又反。

⑨ 间，间厕之间。

⑩ 错，七故反。本亦作措。

藉之用茅，何咎之有？慎之至也，夫茅之为物薄，而用可重①也。慎斯术也②以往，其无所失矣。

　　释《大过·初六》爻义。

　　劳谦，君子有终，吉。子曰：劳而不伐，有功而不德③，厚之至也。语以其功，下人者也。德言盛，礼言恭。谦也者，致恭以存其位者也。

　　释《谦·九三》爻义。"德言盛，礼言恭"。言德欲其盛，礼欲其恭也。

　　亢龙有悔。子曰：贵而无位，高而无民，贤人在下位而无辅，是以动而有悔也。

　　释《乾·上九》爻义。当属《文言④》，此盖重出。

　　不出户庭，无咎。子曰：乱之所生也，则言语以为阶⑤。君不密则失臣，臣不密则失身，几事不密则害成，是以君子慎密而不出也。

　　释《节·初九》爻义。

　　子曰：作《易》者其知盗乎！《易》曰："负且乘，致寇至。"负也者，小人之事也；乘⑥也者，君子之器也。小人而乘君子之器，盗思夺之矣。上慢下暴，盗思伐之矣。慢藏⑦诲盗，冶⑧容诲淫。《易》曰："负且乘致寇至。"盗之招也。

———————————

①　重，直勇反。

②　慎斯术也，时震反。郑、干同。一本作"顺师明义"。郑云：术，道。

③　德，郑、陆、蜀才作置。郑云：置当为德。

④　文言，文饰卦下之言也，夫子之《十翼》。梁武帝云：《文言》是文王所制。

⑤　阶，姚作机。

⑥　乘，如字。一读绳证反。

⑦　藏，才浪反。

⑧　冶，音也。郑、陆、虞、姚、王肃作野，言妖野容仪教诲淫泆也。王肃云：作野音也。

释《解·六三》爻义。

此第八章，言卦爻之用。

天一，地二；天三，地四；天五，地六；天七，地八；天九，地十。

此简本在第十章之首。程子曰：宜在此。今从之。此言天地之数，阳奇阴偶，即所谓河图者也。其位一六居下，二七居上，三八居左，四九居右，五十居中。就此章而言之，则中五为衍母，次十为衍子，次一二三四为四象之位，次六七八九为四象之数。二老位于西北，二少位于东南，其数则各以其类交错于外也。

天数五，地数五。五位相得而各有合，天数二十有五，地数三十。凡天地之数，五十有五，此所以成变化而行鬼神也。

此简本在"大衍①"之后，今按宜在此。"天数五"者，一三五七九皆奇也。"地数五"者，二四六八十皆偶也。相得，谓一与二，三与四，五与六，七与八，九与十，各以奇偶为类而自相得。"有合"，谓一与六，二与七，三与八，四与九，五与十，皆两相合。"二十有五"者，五奇之积也。"三十"者，五偶之积也。"变化"，谓一变生水，而六化成之；二化生火，而七变成之；三变生木，而八化成之；四化生金，而九变成之；五变生土，而十化成之。"鬼神"，谓凡奇偶生成之屈伸往来者。

大衍之数五十，其用四十有九。分而为二以象两，挂一以象三。揲②之以四，以象四时，归奇于扐③以象闰。五岁再闰，故再扐而后挂。

"大衍之数五十"，盖以河图中宫，天五乘地十而得之。至用以

---

① 衍，延善反，又注"演"同。郑云：衍，演也。干云：合也。王廙、蜀才云：广也。

② 揲，时设反。案：揲犹数也。《说文》云：阅持也。一音思颊反。徐：音息列反。郑云：取也。

③ 扐，郎得反，下同。马云：指间也。荀柔之云：别也。

筮，则又止用"四十有九"，盖皆出于理势之自然，而非人之知力所能损益也。"两"，谓天地也。"挂"，悬其一于左手小指之间也。"三"，三才也。"揲"，间而数①之也。"奇"，所揲四数之余也。"扐"，勒于左手中三指之两间也。闰，积月之余日而成月者也。五岁之间，再积日而再成月。故五岁之中，凡有"再闰"，然后别起积分。如一挂之后，左右各一揲而一扐。故五者之中，凡有"再扐"，然后别起一挂也。

乾之策二百一十有六，坤之策百四十有四，凡三百有六十，当期之日。

凡此策数，生于四象。盖河图四面，太阳居一而连九，少阴居二而连八，少阳居三而连七，太阴居四而连六。揲蓍之法，则通计三变之余，去其初挂之一。凡四为奇，凡八为偶。奇圆围三，偶方围四。三用其全，四用其半，积而数之，则为六七八九。而第三变揲数策数，亦皆符会。盖余三奇则九，而其揲亦九，策亦四九三十六，是为居一之太阳。余二奇一偶则八，而其揲亦八，策亦四八三十二，是为居二之少阴。二偶一奇则七，而其揲亦七，策亦四七二十八，是为居三之少阳。三偶则六，而其揲亦六，策亦四六二十四，是为居四之老阴。是其变化往来进退离合之妙，皆出自然，非人之所能为也。少阴退而未极乎虚，少阳进而未极乎盈，故此独以老阳老阴计乾坤六爻之策数，余可推而知也。"期"，周一岁也。凡三百六十五日四分日之一，此特举成数而概言之耳。

二篇之策，万有一千五百二十，当万物之数也。

二篇，谓上下《经》。凡阳爻百九十二，得六千九百一十二策；阴爻百九十二，得四千六百八策，合之得此数。

是故四营而成易，十有八变而成卦。

"四营"，谓分二挂一揲四归奇②也。"易"，变易也，谓一变也。三变成爻，十八变则成六爻也。

八卦而小成。

---

① 数，色主反，下文同。
② 奇，纪宜反，注下同。

谓九变而成三画，得内卦也。

引而伸①之，触类而长之，天下之能事毕矣。

谓已成六爻，而视其爻之变与不变，以为动静。则一卦可变而为六十四卦，以定吉凶。凡四千九十六卦也。

显道神德行，是故可与酬②酢③，可与祐④神矣。

道因辞显，行以数神。"酬酢"，谓应对。"祐神"，谓助神化之功。

子曰：知变化之道者，其知神之所为乎？

"变化之道"，即上文数法是也，皆非人之所能为。故夫子叹之，而门人加"子曰"以别⑤上文也。

此第九章，言天地大衍之数，揲蓍求卦之法，然亦略矣。意其详具于大卜筮人之官，而今不可考耳。其可推者，《启蒙》备言之。

《易》有圣人之道⑥四焉，以言者尚其辞，以动者尚其变，以制器者尚其象，以卜筮者尚其占。

四者皆变化之道，神之所为者也。

是以君子将有为也，将有行也，问焉而以言，其受命也如响。无有远近幽深，遂知来物。非天下之至精，其孰能与于此？

此尚辞尚占之事，言人以蓍问《易》，求其卦爻之辞，而以之发言处事，则《易》受人之命而有以告之，如响之应声，以决其未来之吉凶也。"以言"，与"以言者尚其辞"之以言义同。"命"，则将筮而告蓍之语，《冠礼》"筮日，宰自右赞命"是也。

---

① 伸，本又作信，音身。

② 酬，市由反。徐：又音畴。

③ 酢，在洛反。京作醋。

④ 佑，音又，助也。马云：配也。荀作侑。

⑤ 别，彼列反。一本作辩。

⑥ 圣人之道，明僧绍作"君子之道"。

参①伍以变，错综②其数。通其变，遂成天地③之文；极其数，遂定天下之象。非天下之至变，其孰能与于此？

此尚象之事。"变"则象之未定者也，"参"者三数之也，"伍"者五数之也。既参以变，又伍以变一先一后，更相考核，以审其多寡之实也。"错"者，交而互之一左一右之谓也。"综"者，总而挈之，一低一昂之谓也。此亦皆谓揲蓍求卦之事，盖通三揲两手之策④，以成阴阳老少之画。究七八九六之数，以定卦爻动静之象也。"参伍错综"皆古语，而"参伍"尤难晓。按《荀子》云："窥敌制变，欲伍以参。"韩非曰："省同异之言，以知朋党之分，偶参伍之验，以责陈言之实。"又曰："参之以比物，伍之以合参。"《史记》曰："必参而伍之。"又曰："参伍不失。"《汉书》曰："参伍其贾，以类相准。"此足以相发明矣。

易，无思也，无为也。寂然不动，感而遂通天下之故。非天下之至神，其孰能与于此？

此四者，易之体所以立，而用所以行者也。易指蓍卦，无思无为，言其无心也。"寂然"者，感之体。"感""通"者，寂之用。人心之妙，其动静亦如此。

夫《易》，圣人之所以极深而研⑤几也。

"研"，犹审也。"几"，微也。所以"极深"者，至精也。所以"研几"者，至变也。

惟深也，故能通天下之志。惟几也，故能成天下之务。惟神也，故不疾而速，不行而至。

所以通志而成务者，神之所为也。

子曰：《易》有圣人之道四焉者，此之谓也。

此第十章，承上章之意，言《易》之用有此四者。

---

① 参，七南反。

② 综，宗统反。

③ 天地，一本作"天下"。虞、陆本作"之爻"。

④ 策，初革反。字亦作筴。

⑤ 研，蜀才作揅。

子曰：夫《易》何为者也？夫《易》开物成务，冒①天下②之道，如斯而已者也。是故圣人以通天下之志，以定天下之业，以断③天下之疑。

"开物成务"，谓使人卜筮，以知吉凶而成事业。"冒天下之道"，谓卦爻既设，而天下之道皆在其中。

是故蓍④之德圆⑤而神，卦之德方以知⑥，六爻之义易以贡⑦。圣人以此洗⑧心退藏于密，吉凶与民同患。神以知来，知以藏⑨往，其孰能与⑩于此哉？古之聪明睿知，神武而不杀⑪者夫⑫。

"圆"神，谓变化无方。"方"知，谓事有定理。"易以贡"，谓变易以告人。圣人体具三者之德，而无一尘之累⑬，无事则其心寂然，人莫能窥。有事则神知之用，随感而应，所谓无卜筮而知吉凶也。"神武不杀"，得其理而不假其物之谓。

是以明于天之道，而察于民之故，是兴神物以前民用。圣人以此齐戒，以神明其德夫⑭。

"神物"，谓蓍龟。湛然纯一之谓"齐"，肃然警惕之谓"戒"。

---

① 冒，莫报反，注同。覆也。

② 天下，一本作"天地"。

③ 以断，丁乱反，下二章同。

④ 蓍，音尸。

⑤ 圆，本又作员，音同。

⑥ 知，音智，注同，下"知以"、"睿知"，注"神知"皆同。

⑦ 贡，如字。告也。京、陆、虞作工。荀作功。

⑧ 洗，刘缋悉殄反，尽也。王肃、韩悉礼反。京、荀、虞、董、张、蜀才作先。石经同。

⑨ 藏，如字。刘作"臧善也"。

⑩ 与，音预。

⑪ 杀，王、郑、王肃、干所戒反。师同。徐所例反。陆、韩如字。

⑫ 夫，音符，下同。

⑬ 之累，劣伪反。

⑭ 以神明其德夫，荀、虞、顾绝句。众皆以夫字为下句，一本无夫字。

明天道，故知神物之可兴。察民故，故知其用之不可不有以开其先。是以作为卜筮以教人，而于此焉齐戒以考其占。使其心神明不测，如鬼神之能知来也。

是故阖①户谓之坤，辟②户谓之乾，一阖一辟谓之变，往来不穷谓之通。见乃谓之象，形乃谓之器，制而用之谓之法。利用出入，民咸用之谓之神。

"阖""辟"，动静之机也。先言坤者，由静而动也。乾坤变通者，化育之功也。见象形器者，生物之序也。"法"者，圣人修道之所为。而"神"者，百姓自然之日用也。

是故《易》有太极，是生两仪，两仪生四象，四象生八卦。

一每生二，自然之理也。"易"者，阴阳之变。"太极"者，其理也。"两仪"者，始为一画以分阴阳。"四象"者，次为二画以分太少。"八卦"者，次为三画而三才之象始备。此数言者实圣人作《易》自然之次第，有不假丝毫智力而成者。画卦揲蓍，其序皆然，详见《序例》、《启蒙》。

八卦定吉凶，吉凶生大业。

有"吉"有"凶"，是生"大业"。

是故法象莫大乎天地，变通莫大乎四时，县③象著明，莫大乎日月。崇高莫大乎富贵，备物致用，立成器以为天下利，莫大乎圣人。探④赜⑤索⑥隐，钩深致远，以定天下之吉凶，成天下之亹亹⑦者，莫大⑧乎蓍龟。

---

① 阖，胡腊反。
② 辟，婢亦反。王肃甫亦反。
③ 县，音玄。
④ 探，吐南反。
⑤ 赜，九家作册。
⑥ 索，色白反。
⑦ 亹亹，亡伟反。
⑧ 莫大，本亦作"莫大"。

"富贵"，谓有天下，履帝位。"立"下疑有阙文。"亹亹"，犹勉勉也。疑则怠，决故勉。

是故天生神物，圣人则之。天地变化，圣人效之。天垂象，见①吉凶，圣人象之。河出②图，洛出③书，圣人则之。

此四者，圣人作《易》之所由也。河图洛书，详见《启蒙》。

《易》有四象，所以示也。系辞焉，所以告也。定之以吉凶，所以断也。

"四象"，谓阴阳老少。"示"，谓示人以所值之卦爻。

此第十一章，专言卜筮。

《易》曰："自天祐之，吉无不利。"子曰：祐者，助也。天之所助者，顺也。人之所助者，信也。履信思乎顺，又以尚贤也④，是以"自天祐之，吉无不利"也。

释《大有上九》爻义。然在此无所属，或恐是错简，宜在第八章之末。

子曰：书不尽言，言不尽意，然则圣人之意其不可见乎？子曰：圣人立象以尽⑤意，设卦以尽情伪，系辞焉以尽其言，变而通之以尽利，鼓之舞之以尽神。

"言"之所传者浅，"象"之所示者深。观奇偶二画，包含变化，无有穷尽，则可见矣，变通鼓舞以事而言。两"子曰"字宜衍其一，盖"子曰"字皆后人所加，故有此误。如近世《通书》，乃周子所自作，亦为后人每章加以"周子曰"字。其设问答处，正如此也。

---

① 见，贤遍反。
② 出，如字，又尺遂反，下同。
③ 洛，王肃作雒。汉家以火德王，故从各、隹。
④ 又以尚贤也，郑本作"有以"。
⑤ 尽，津忍反。

乾坤，其易之缊①邪？乾坤成列，而易立乎其中矣。乾坤毁，则无以见易。易不可见，则乾坤或几乎息矣。

"缊"，所包蓄者，犹衣之著也。易之所有，阴阳而已。凡阳皆乾，凡阴皆坤。画卦定位，则二者成列，而易之体立矣。乾坤毁，谓卦画不立。乾坤息，谓变化不行。

是故形而上者谓之道，形而下者谓之器，化而裁之谓之变，推而行之谓之通，举而错之天下之民谓之事业。

卦爻阴阳皆"形而下者"，其理则道也。因其自然之化而裁制之，变化之义也。"变"、"通"二字，上章以天言，此章以人言。

是故夫象，圣人有以见天下之赜②，而拟诸其形容，象其物宜，是故谓之象。圣人有以见天下之动，而观其会通，以行其典礼，系辞焉以断其吉凶，是故谓之爻。

重出以起下文。

极天下之赜者存乎卦，鼓天下之动者存乎辞。

卦即象也，辞即爻也。

化而裁③之存乎变；推而行之存乎通；神而明之存乎其人；默而成④之，不言而信，存乎德行。

卦爻所以变通者在人，人之所以能神而明之者在德。

此第十二章。

---

① 缊，纡粉反。徐于愤反。王肃又于问反。
② 之赜，本亦作"之至赜"。
③ 裁，音才，本又作财。
④ 默而成，本或作"默而成之"。

周易本义卷八

系辞下传

八卦成列，象在其中矣。因而重①之，爻在其中矣。

"成列"，谓乾一兑二，离三震四，巽五坎六，艮七坤八之类。"象"，谓卦之形体也，因而重之，谓各因一卦而以八卦次第加之为六十四也。"爻"，六爻也，既重而后卦有六爻也。

刚柔相推，变在其中矣。系辞焉而命之，动在其中矣。

"刚柔相推"，而卦爻之变，往来交错，无不可见。圣人因其如此而皆系之辞以命其吉凶，则占者所值当动之爻象，亦不出乎此矣。

吉凶悔吝者，生乎动者也。

"吉""凶""悔""吝"，皆辞之所命也，然必因卦爻之动而后见。

刚柔者，立本者也。变通者，趣②时者也。

一刚一柔，各有定位。自此而彼，变以从时。

吉凶者，贞胜③者也。

"贞"，正也，"常"也。物以其所正为常者也，天下之事，非吉则凶，非凶则吉，常相胜而不已也。

---

① 重，直龙反，注同。

② 趣，促裕反。

③ 贞胜，姚本作"贞称"。

天地之道，贞观①者也。日月之道，贞明者也。天下之动，贞夫②一者也。

"观"，示也。天下之动，其变无穷，然顺理则吉，逆理则凶。则其所正而常者，亦一理而已矣。

夫乾，确③然示人易④矣。夫坤，隤然示人简矣。

"确然"，健貌。"隤然"，顺貌，所谓贞观者也。

爻也者，效此者也。象也者，像⑤此者也。

"此"，谓上文乾坤所示之理，爻之奇偶卦之消息，所以效而像之。

爻象动乎内，吉凶见乎外，功业见乎变，圣人之情见乎辞。

"内"，谓蓍卦之中。"外"，谓蓍卦之外。"变"，即动乎内之变。"辞"，即见乎外之辞。

天地之大德曰生，圣人之大宝曰位。何以守位曰人，何以聚人曰财，理财正辞，禁⑥民为非曰义。

"曰人"之"人"，今本作"仁"。吕氏从古，盖所谓非众罔与守邦。

此第一章，言卦爻吉凶，造化功业。

古者包牺⑦氏之王天下也，仰则观象于天，俯则观法于地，观鸟兽之文，与地之宜，近取诸身，远取诸物，于是始作八卦，以通神明之德，以类万物之情。

---

① 观，官换反，又音官。

② 夫，音符。

③ 确，苦角反。马、韩云：刚貌。《说文》云：高至。

④ 易，以豉反，下注同。

⑤ 像，音象。

⑥ 禁，音金，又金鸩反。

⑦ 牺，许宜反。字又作羲。郑云：鸟兽全具曰牺。孟、京作戏，云：伏，服也。戏，化也。

王昭素曰：与地之间，诸本多有"天"字，俯仰远近所取不一，然不过以验阴阳消息两端而已。神明之德，如健顺动止之性。万物之情，如雷风山泽之象。

作结绳而为网罟，以佃①以渔②，盖取诸离。

两目相承而物丽焉。

包牺氏没，神农氏作，斫③木为耜④，揉木为耒⑤，耒耨⑥之利，以教天下，盖取诸益。

二体皆木，上入下动，天下之益，莫大于此。

日中为市⑦，致天下之民，聚天下之货，交易而退，各得其所，盖取诸噬嗑。

日中为市，上明而下动。又借噬为市，嗑为合也。

神农氏没，黄帝尧舜氏作，通其变使民不倦，神而化之，使民宜之。《易》穷则变，变则通，通则久⑧，是以"自天祐⑨之，吉无不利"。黄帝尧舜垂衣裳而天下治⑩，盖取诸乾、坤。

乾坤变化而无为。

刳木为舟，剡木为楫，舟楫之利，以济不通，致远以

---

① 佃，音田，本亦作田。

② 渔，音鱼。本亦作鱼。又言庶反。马云：取兽曰佃，取鱼曰渔。

③ 斫，诸若反。

④ 耜，音似。京云：耒下锋也。陆云：广五寸。锋，音救丁反。

⑤ 耒，力对反。京云：耜上句木也。《说文》云：耒，曲木垂所作。《字林》同力佳反。徐力猥反。垂，造作也。木或揉木为之耒耨，非。

⑥ 耨，奴豆反。马云：锄也。孟云：耘除草。

⑦ 市《世本》云：祝融为市。宋衷云：颛顼臣也。《说文》云：市，时止反。

⑧ 通则久，一本作"易穷则变，通则久"。

⑨ 祐，音又，本亦作佑。

⑩ 治，直吏反，章末同。

利天下①，盖取诸涣②。

木在水上也，致远以利天下，疑衍。

服牛乘马，引重致远，以利天下，盖取诸随。

下动上说。

重③门击柝④，以待暴⑤客，盖取诸豫。

"豫"，备之意。

断⑥木为杵⑦，掘⑧地为臼⑨，臼杵之利，万民以济，盖取诸小过。

下止上动。

弦木为弧⑩，剡⑪木为矢，弧矢之利，以威天下，盖取诸睽⑫。

睽乖然后威以服之。

上古穴居而野处，后世圣人易之以宫室，上栋下宇，以待风雨，盖取诸大壮。

壮固之意。

古之葬者，厚衣⑬之以薪，葬之中野，不封不树，丧

---

① 致远以利天下，一本无此句。

② 涣，音唤。

③ 重，直龙反。

④ 柝，他烙反。马云：两木相击以行夜。《说文》作欜。《字林》他各反，同。

⑤ 暴，白报反。郑作虣。

⑥ 断，丁缓反，又徒缓反。断，断绝。

⑦ 为杵，昌吕反。

⑧ 掘，其月反，又其勿反。

⑨ 臼，求酉反。

⑩ 弧，音胡。《说文》云：木弓。

⑪ 剡，以冉反。《字林》云：锐也。因冉反。

⑫ 睽，苦圭反，又音圭。

⑬ 衣，于既反。

期^①无数^②，后世圣人易之以棺椁^③，盖取诸大过。

送死大事，而过于厚。

上古结绳而治，后世圣人易之以书契^④，百官以治，万民以察，盖取诸夬。

明决之意。

此第二章，言圣人制器尚象之事。

是故易者象也，象也者像也^⑤。

"易"，卦之形，理之似也。

象者材也。

"象"，言一卦之材。

爻也者，效天下之动者也。

"效"，放也。

是故吉凶生而悔吝著也。

"悔吝"本微，因此而"著"。

此第三章。

阳卦多阴，阴卦多阳。

震坎艮为阳卦，皆一阳二阴。巽离兑为阴卦，皆一阴二阳。

其故何也？阳卦奇^⑥，阴卦偶。

凡阳卦皆五画，凡阴卦皆四画。

其德行何也？阳一君而二民，君子之道也。阴二君而一民，小人之道也。

"君"，谓阳。"民"，谓阴。

---

① 丧期，并如字。
② 数，色具反。
③ 棺椁，上音官，下音郭。
④ 契，苦计反。
⑤ 象也者像也，众本并云：像，拟也。孟、京、虞、董、姚还作象。
⑥ 奇，纪宜反，注同。

此第四章。

《易》曰："憧憧往来，朋从尔思。"子曰：天下何思何虑？天下同归而殊涂，一致而百虑，天下何思何虑。

引咸九四爻辞而释之。言理本无二，而殊涂百虑，莫非自然，何以思虑为哉？必思而从，则所从者亦狭①矣。

日往则月来，月往则日来，日月相推而明生焉。寒往则暑来，暑往则寒来，寒暑相推而岁成焉。往者屈②也，来者信也，屈信相感而利生焉。

言"往"、"来"、"屈"、"信"，皆感应自然之常理，加憧憧焉则入于私矣，所以必思而后有从也。

尺蠖③之屈，以求信也。龙蛇之蛰④，以存身也。精义入神，以致用也。利用安身，以崇德也。

因言屈信往来之理，而又推以言学亦有自然之机也。精研其义，至于入神，屈之至也。然乃所以为出而致用之本，利其施用，无适不安，信之极也。然乃所以为入而崇德之资，内外交相养，互相发也。

过此以往，未之或知也。穷神知化，德之盛也。

下学之事，尽力于精义利用，而交养互发之机，身不能已，自是以上，则亦无所用其力矣。至于"穷神知化"，乃德盛仁熟而自致耳。然不知者往而屈也，自致者来而信也，是亦感应自然之理而已。张子曰：气有阴阳，推行有渐为化，合一不测为神。此上四节，皆以释咸九四爻义。

《易》曰："困于石，据于蒺藜，入于其宫，不见其妻，凶。"子曰：非所困而困焉，名必辱，非所据而据焉，

---

① 狭，户夹反。
② 屈，丘勿反，下同。
③ 蠖，纡缚反，虫名也。徐：又乌郭反。
④ 蛰，直立反。

身必危。既辱且危，死期将至，妻其可得见耶？

释《困·六三》爻义。

《易》曰："公用射隼①于高墉②之上，获之，无不利。"子曰：隼者，禽也。弓矢者，器也。射之者，人也。君子藏器于身，待时而动，何不利之有？动而不括③，是以出而有获，语成器而动者也。

括，结碍也。此释《解·上六》爻义。

子曰：小人不耻不仁，不畏不义，不见利不劝，不威不惩④。小惩而大诫，此小人之福也。《易》曰：屦校灭趾无咎。此之谓也。

此释《噬嗑·初九》爻义。

善不积，不足以成名。恶不积，不足以灭身。小人以小善为无益而弗为也，以小恶为无伤而弗去⑤也，故恶积而不可掩，罪大而不可解。《易》曰：何⑥校灭耳，凶。

此释《噬嗑·上九》爻义。

子曰：危者，安其位者也。亡者，保其存者也。乱者，有其治⑦者也。是故君子安而不忘危，存而不忘亡，治而不忘乱。是以身安而国家可保也。《易》曰："其亡其亡，系于苞桑。"

此释《否·九五》爻义。

子曰：德薄而位尊，知小而谋大，力小而任重，鲜不

---

① 隼，恤允反。
② 墉，音容。
③ 括，古活反，结也。
④ 惩，直升反。
⑤ 去，羌吕反。
⑥ 何，河可反，又音河。
⑦ 治，直吏反，下同。

及矣。《易》曰："鼎折①足，覆公𫗧，其形渥，凶。"言不胜其任也。

此释《鼎·九四》爻义。

子曰：知几其神乎？君子上交不谄②，下交不渎，其知几乎。几者，动之微，吉之先见③者也。君子见几而作，不俟终日。《易》曰："介④于石，不终日，贞吉。"介如石焉，宁用终日？断可识矣！君子知微知彰，知柔知刚，万夫之望。

此释《豫·六二》爻义，《汉书》"吉之"之间有"凶"字。

子曰：颜氏之子，其殆庶几乎？有不善，未尝不知；知之，未尝复行也。《易》曰："不远复，无只悔，元吉。"

殆，危也。庶几，近意，言近道也，此释《复·初九》爻义。

天地𬘡缊，万物化醇⑤。男女构精，万物化生。《易》曰："三人行则损一人，一人行则得其友。"言致一也。

"𬘡⑥缊⑦"，交密之状。"醇"，谓厚而凝也，言气化者也。化生，形化者也。此释《损·六三》爻义。

子曰：君子安其身而后动，易其心而后语，定其交而后求，君子修此三者故全也。危以动，则民不与也。惧以语，则民不应也。无交而求，则民不与也。莫之与，则伤之者至矣。《易》曰："莫益之，或击之，立心勿恒，凶。"

此释《益·上九》爻义。

此第五章。

---

① 折，之设反。
② 谄，敕检反。
③ 见，贤遍反。
④ 介，徐：音戒，众家作介。徐云：王廙古黠反。
⑤ 醇，音淳。
⑥ 𬘡，本又作"氤"同，音因。
⑦ 缊，本又作氲，纡云反。

子曰：乾坤其《易》之门邪？乾，阳物也。坤，阴物也。阴阳合德而刚柔有体，以体天地之撰①，以通神明之德。

诸卦刚柔之体，皆以乾坤合德而成，故曰"乾坤《易》之门"。"撰"，犹事也。

其称名也，杂而不越。于稽②其类，其衰世之意邪？

万物虽多，无不出于阴阳之变，故卦爻之义，虽杂出而不差缪，然非上古淳质之时思虑所及也。故以为衰世之意，盖指文王与纣之时也。

夫《易》，彰往而察来，而微显阐③幽。开而当名辨物，正言断④辞则备矣。

"而微显"，恐当作"微显而"，"开而"之"而"，亦疑有误。

其称名也小，其取类也大。其旨远，其辞文⑤。其言曲而中，其事肆而隐。因贰⑥以济民行，以明失得之报。

"肆"，陈也。"贰"，疑也。

此第六章，多阙文疑字，不可尽通，后皆放此。

《易》之兴也，其于中古乎？作《易》者，其有忧患乎？

夏商之末，《易》道中微。文王拘于羑里而系《彖辞》，《易》道复兴。

是故履，德之基也。谦，德之柄⑦也。复，德之本也。

---

① 撰，仕勉反，下章同，数也。《广雅》云：定也。王肃士眷反。

② 稽，古兮反，考也。

③ 阐，昌善反。

④ 断，丁乱反，注同。

⑤ 文，如字，音问。

⑥ 贰，音二。郑云：当为式。

⑦ 柄，兵病反。

恒，德之固也。损，德之修①也。益，德之裕也。困，德之辨②也。井，德之地也。巽，德之制也。

"履"，礼也。上天下泽，定分不易，必谨乎此，然后其德有以为基而立也。"谦"者，自卑而尊人，又为礼者之所当执持而不可失者也。九卦皆反身修德以处忧患之事也，而有序焉。"基"所以立，"柄"所以持，"复"者心不外而善端存，"恒"者守不变而常且久，"惩忿窒欲"以修身，"迁善改过"以长善。"困"以自验其力，"井"以不变其所，然后能巽顺于理以制事变也。

履，和而至。谦，尊而光。复，小而辨于物。恒，杂而不厌③。损，先难而后易④。益，长裕⑤而不设。困，穷而通。井，居其所而迁。巽，称而隐。

此如《书》之九德，礼非强世，然事皆至极。"谦以自卑"，而尊且光，复阳微而不乱于群阴，恒处杂而常德不厌。损欲先难，习熟则易。益但充长，而不造⑥作。困身困而道亨，井不动而及物，巽称⑦物之宜而潜隐不露。

履以和行，谦以制礼，复以自知，恒以一德，损以远⑧害，益以兴利，困以寡怨，井以辨义，巽以行权。

"寡怨"，谓少所怨⑨尤。"辨义"，谓安而能虑。

此第七章，三陈九卦，以明处忧患之道。

《易》之为书也，不可远⑩。为道也屡迁，变动不居，

---

① 修，如字。郑云：治也。马作循。
② 辩，如字。王肃卜兔反。
③ 厌，于艳反。
④ 易，以豉反，注同。
⑤ 裕，丁丈反，注同。
⑥ 造，七到反，又曹早反。
⑦ 称，尺证反，又尺升反。
⑧ 远，袁万反，注并同。
⑨ 怨，纡万反，又纡元反。
⑩ 远，袁万反。

周流六虚。上下无常，刚柔相易，不可为典要，唯变所适。

"远"，犹忘也。"周流六虚"，谓阴阳流行于卦之六位。

其出入以度，外内使知惧。

此句未详，疑有脱误。

又明于忧患与故，无有师保，如临父母。

"虽无师保"，而常若"父母"临之，戒惧之至。

初率其辞，而揆①方②，既有典常，苟非其人，道不虚行。

"方"，道也。始由辞以度其理，则见其有典常矣。然神而明之，则存乎其人也。

此第八章。

《易》之为书也，原始要终，以为质也。六爻相杂，唯其时物也。

质谓卦体，卦必举其始终而后成体，爻则唯其时物而已。

其初难知，其上易知，本末也。初辞拟之，卒成之终。

此言初上二爻。

若夫杂物撰③德，辨是与非，则非其中爻不备。

此谓卦中四爻。

噫④！亦要⑤存亡吉凶，则居⑥可知矣。知者观其象辞，则思⑦过半矣。

① 揆，葵癸反，度也。
② 方，马云：方，道。
③ 撰，郑作算，云：数也。
④ 噫，于其反。王肃于力反，辞也。马同。
⑤ 要，一妙反，绝句。又一遥反，绝句至"吉凶"。
⑥ 居，马：如字，处也。师音同。郑、王肃音基。
⑦ 思，息更反。

《象》统论一卦六爻之体。

二与四，同功而异位，其善不同。二多誉，四多惧，近也。柔之为道，不利远者。其要①无咎，其用柔中也。

此以下论中爻。"同功"，谓皆阴位。"异位"，谓远近不同。四近君，故"多惧"。柔不利远，而"二多誉"者，以其"柔中"也。

三与五，同功而异位。三多凶，五多功，贵贱之等也。其柔危，其刚胜②邪？

三五同阳位，而贵贱不同，然以柔居之则危，唯刚则能胜之。

此第九章。

《易》之为书也，广大悉备。有天道焉，有人道焉，有地道焉。兼三才而两之，故六。六者非它也，三才之道也。

三画已具"三才"，重之故六，而以上二爻为天，中二爻为人，下二爻为地。

道有变动，故曰爻。爻有等，故曰物。物相杂，故曰文。文不当，故吉凶生焉。

"道有变动"，谓卦之一体。"等"，谓远近贵贱之差。相杂，谓刚柔之位相间。"不当"，谓爻不当位。

此第十章。

《易》之兴也，其当③殷之末世，周之盛德邪？当文王与纣之事邪？是故其辞危。危者使平，易者使倾。其道甚大，百物不废。惧以终始，其要无咎，此之谓《易》之道也。

危惧故得平安，慢易则必倾覆，《易》之道也。

---

① 要，于妙反。

② 胜，升证反，下同。

③ 当，如字，下"当文王"同。

此第十一章。

夫乾，天下之至健也，德行恒易以知险。夫坤，天下之至顺也，德行①恒简以知阻②。

至健则所行无难，故"易"。至顺则所行不繁，故"简"。然其于事，皆有以知其难，而不敢易以处之也。是以若有忧患，则健者如自高临下，而知其险。顺者如自下趋上，而知其阻。盖虽易而能"知险"，则不陷于险矣。既简而又"知阻"，则不困于阻矣。所以能危能惧，而无易吾之倾也。

能说③诸心，能研诸侯之虑，定天下之吉凶，成天下之亹亹④者。

"侯之"二字衍。"说诸心"者，心与理会，乾之事也。"研诸虑"者，理因虑审，坤之事也。"说诸心"，故有以定吉凶。"研诸虑"，故有以成亹亹。

是故变化云为，吉事有祥。象事知器，占事知来。

"变化云为"，故象事可以知器，"吉事有祥"，故占事可以知来。

天地设位，圣人成能。人谋鬼谋，百姓与能。

"天地设位"，而圣人作易以成其功，于是"人谋鬼谋"。虽百姓之愚，皆得以与其能。

八卦以象告，爻彖以情言。刚柔杂居，而吉凶可见矣。

"象"，谓卦画。"爻彖"，谓卦爻辞。

变动以利言，吉凶以情迁。是故爱恶⑤相攻而吉凶生，远近相取而悔吝生，情伪相感而利害生。凡《易》之情，

---

① 行，下孟反，下"德行"同。
② 阻，庄吕反。
③ 说，吐活反。
④ 亹亹，亡伟反。郑云：没没也。王肃云：勉也。
⑤ 爱恶，乌路反，注同。郑乌洛反。

近而不相得，则凶。或害之，悔且吝。

"不相得"，谓相恶也。凶害悔吝，皆由此生。

将叛者其辞惭，中心疑者其辞枝①，吉人之辞寡，躁人之辞多，诬善②之人其辞游，失其守者，其辞屈。

卦爻之辞，亦犹是也。

此第十二章。

---

① 辞枝，音支。

② 诬善，音无。

周易本义卷九

文言传

此篇申《彖传》、《象传》之意，以尽①乾坤二卦之蕴，而余卦之说，因可以例推云。

元者，善之长也。亨者，嘉之会也。利者，义之和也。贞者，事之干也。

"元"者，生物之始，天地之德，莫先于此。故于时为春，于人则为仁，而众善之长也。"亨"者，生物之通，物至于此，莫不嘉美，故于时为夏，于人则为礼，而众美之会也。"利"者，生物之遂，物各得宜，不相妨害，故于时为秋，于人则为义，而得其分②之和。"贞"者，生物之成，实理具备，随在各足，故于时为冬，于人则为智，而为众事之"干"。"干"，木之身，而枝叶所依以立者也。

君子体仁③足以长人，嘉会足以合礼，利物④足以和⑤义，贞固足以干事。

以仁为体，则无一物不在所爱之中，故"足以长人"。嘉其所会，则无不合礼。使物各得其所利，则义无不和。贞固者，知正之所在而固守之，所谓知而弗去者也，故足以为事之干。

---

① 尽，津忍反，下同。

② 分，符问反。

③ 体仁，如字。京房、荀爽、董遇本作"体信"。

④ 利物，孟喜、京、荀、陆绩作"利之"。

⑤ 和，胡卧反，又如字。

君子行此四德者，故曰乾元亨利贞。

非君子之至健，无以行此，故曰"乾元亨利贞"。

此第一节，申《象传》之意，与《春秋传》所载穆姜之言不异。疑古者已有此语，穆姜称之，而夫子亦有取焉。故下文别以"子曰"表孔子之辞，盖传者欲以明此章之为古语也。

初九曰：潜龙勿用，何谓也？子曰：龙德而隐者也，不易乎世，不成乎名，遁①世无闷②，不见是而无闷，乐③则行之，忧则违之，确④乎其不可拔⑤，潜龙也。

"龙德"，圣人之德也，在下故"隐"。"易"，谓变其所守。大抵乾卦六爻，《文言》皆以圣人明之，有隐显而无浅深也。

九二曰：见龙在田，利见大人。何谓也？子曰：龙德而正中者也。庸言之信，庸行⑥之谨。闲邪⑦存其诚，善世而不伐，德博而化。《易》曰："见龙在田，利见大人。"君德也。

"正中"，不潜而未跃之时也。常言亦信，常行亦谨，盛德之至也。"闲邪存其诚"，无斁⑧亦保之意，言君德也者，释"大人"之为九二也。

九三曰：君子终日乾乾，夕惕若厉，无咎。何谓也？子曰：君子进德修业。忠信，所以进德也。修辞立其诚，所以居业也。知至至之，可与几也。知终终之，可与存义也。是故居上位而不骄，在下位而不忧。故乾乾因其时而

---

① 遁，徒顿反。
② 闷，门逊反。
③ 乐，音洛。
④ 确，苦学反。郑云：坚高之貌。《说文》云：高至。
⑤ 拔，蒲八反。郑云：移也。《广雅》云：出也。
⑥ 行，下孟反。
⑦ 邪，似嗟反，下同。
⑧ 斁，符云反。刘云：豕去势曰斁。

惕，虽危无咎矣。

“忠信”，主于心者，无一念之不诚也。“修辞”，见于事者无一言之不实也。虽有忠信之心，然非修辞立诚，则无以居之。“知至至之”，进德之事。“知终终之”，居业之事，所以“终日乾乾”而夕犹惕若者，以此故也。可上可下，不骄不忧，所谓无咎也。

九四曰：或跃在渊，无咎，何谓也？子曰：上下无常，非为邪^①也。进退无恒，非离^②群也。君子进德修业，欲及时也。故无咎。

内卦以“德”学言，外卦以“时”位言。“进德修业”，九三备矣，此则欲其及时而进也。

九五曰：飞龙在天，利见大人，何谓也？子曰：同声相应，同气相求。水流湿^③，火就燥^④，云从龙，风从虎，圣人作而万物睹。本乎天者亲上，本乎地者亲下，则各从其类也。

“作”，起也。“物”，犹人也。“睹”，释利见之意也。“本乎天”者，谓动物。“本乎地”者，谓植物。物“各从其类”。“圣人”，人类之首也，故兴起于上，则人皆见之。

上九曰：亢龙有悔。何谓也？子曰：贵而无位，高而无民，贤人在下位而无辅，是以动而有悔也。

“贤人在下位”，谓九五以下。“无辅”，以上九过高志满，不来辅助之也。

此第二节，申《象传》之意。

潜龙勿用，下也。
见龙在田，时舍也。

---

① 邪，似嗟反。
② 离，力智反。
③ 湿，申入反。
④ 燥，苏早、先皂二反。

言未为时用也。

终日乾乾，行事也。

或跃在渊，自试也。

未遽有为，姑试其可。

飞龙在天，上治①也。

居上以治下。

亢龙有悔，穷之灾也。

乾元用九，天下治也。

言"乾元用九"，见与它卦不同。君道刚而能柔，天下无不治矣。

此第三节，再申前意。

潜龙勿用，阳气潜藏。

见龙在田，天下文明。

虽不在上位，然天下已被其化。

终日乾乾，与时偕行。

时当然也。

或跃在渊，乾道乃革。

离下而上，变革之时。

飞龙在天，乃位乎天德。

"天德"，即天位也。盖唯有是德，乃宜居是位，故以名之。

亢龙有悔，与时偕极。

乾元用九，乃见天则。

刚而能柔，天之法也。

此第四节，又申前意。

乾元者，始而亨者也。

始则必亨，理势然也。

---

① 治，直吏反，下及注同。

利贞者，性情也。

收敛归藏，乃见性情之实。

乾始能以美利利天下，不言所利，大矣哉。

"始"者，元而亨也。"利天下"者，利也。"不言所利"者，贞也。或曰："坤利牝马"，则言所利矣。

大哉乾乎！刚健中正，纯粹①精也。

"刚"，以体言。"健"，兼用言。"中"者，其行无过不及。"正"者，其立不偏，四者乾之德也。"纯"者，不杂于阴柔。"粹"者，不杂于邪恶。盖刚健中正之至极，而精者又纯粹之至极也。或疑乾刚无柔，不得言中正者，不然也。天地之间，本一气之流行而有动静尔。以其流行之统体而言，则但谓之乾而无所不包矣。以其动静分之，然后有阴阳刚柔之别也。

六爻发挥，旁通情也。

"旁通"，犹言曲尽。

时乘六龙，以御天也。云行雨施②，天下平也。

言圣人"时乘六龙以御天"，则如天之"云行雨施，而天下平也"。

此第五节，复申首章之意。

君子以成德为行③，日④可见之行也。潜之为言也，隐而未见，行而未成，是以君子弗用也。

"成德"，已成之德也。初九固成德，但其行未可见尔。

君子学以聚之，问以辨之，宽以居之，仁以行之。《易》曰："见龙在田，利见大人。"君德也。

盖由四者以成"大人"之德，再言"君德"，以深明九二之为"大人"也。

———————————

① 粹，虽遂反。

② 施，始豉反。

③ 行，下孟反，下"之行"、"行而"皆同。

④ 日，人实反。

九三重刚而不中，上不在天，下天在田。故乾乾因其时而惕，虽危无咎矣。

"重刚"，谓阳爻阳位。

九四重刚而不中，上不在天，下不在田，中不在人，故或之。或之者，疑之也，故无咎。

九四非重刚，"重"字疑衍。"在人"谓三。"或"者，随时而未定也。

夫①大人者，与天地合其德，与日月合其明，与四时合其序，与鬼神合其吉凶。先②天而天弗违，后③天而奉天时。天且弗违，而况于人乎？况于鬼神乎？

"大人"，即释爻辞所"利见之大人"也。有是德而当其位，乃可当之。人与天地鬼神，本无二理，特蔽于有我之私，是以牿于形体，而不能相通。大人无私，以道为体，曾何彼此先后之可言哉？先天不违，谓意之所为，默与道契。后天奉天，谓知理如是，奉而行之。回纥谓郭子仪曰"卜者言此行当见一大人而还"，其占盖与此合。若子仪者，虽未及乎夫子之所论，然其至公无我，亦可谓当时之大人矣。

亢之为言也，知进而不知退，知存而不知亡，知得而不知丧④。

所以动而有悔也。

其唯圣人乎⑤？知进退存亡而不失其正者，其唯圣人乎？

知其理势如是，而处之以道，则不至于有悔矣，固非计私以避害者也。再言"其唯圣人乎"，始若设问，而卒自应之也。

此第六节，复申第二第三第四节之意。

---

① 夫，音符。发端之字，皆放此。
② 先，悉荐反。
③ 后，胡豆反。
④ 丧，息浪反。
⑤ 其唯圣人乎，王肃本作"愚人"，后结始作"圣人"。

坤至柔①而动也刚，至静而德方。

"刚""方"，释"牝马之贞"也。"方"，谓生物有常。

后得主而有常。

《程传》曰："主"下当有"利"字。

含万物而化光。

复明"亨"义。

坤道其顺乎，承天而时行。

复明顺承天之意。

此以上申《象传》之意。

积善之家，必有余庆。积不善之家，必有余殃②。臣弑③其君，子弑其父，非一朝一夕之故，其所由来者渐矣，由辨之不早辨也。《易》曰："履霜，坚冰至。"盖言顺④也。

古字"顺"、"慎"通用，案此当作"慎"。言当辨之于微也。

直其正也，方其义也。君子敬以直内，义以方外，敬义立而德不孤，直方大不习无不利，则不疑其所行也。

此以学言之也。"正"，谓本体。"义"，谓裁制。敬则本体之守也。"直内""方外"，《程传》备矣。"不孤"，言大也。疑故习而后利，不疑则何假于习。

阴虽有美含之，以从王事，弗敢成也。地道也，妻道也，臣道也，地道无成而代有终也。

天地变化，草木蕃⑤，天地闭，贤人隐。《易》曰："括囊无咎无誉。"盖言谨也。

君子黄中通理。

---

① 坤至柔，本或前有"《文言》曰"者。
② 殃，于良反。郑云：祸恶也。《说文》云：凶也。
③ 弑，式志反。本或作杀，音同，下同。
④ 顺，如字。
⑤ 蕃，伐袁反。

"黄中"，言中德在内，释"黄"字之义也。

正位居体。

虽在尊位，而居下体，释"裳"字之义也。

美在其中，而畅①于四支，发于事业，美之至也。

"美在其中"，复释"黄中"，"畅于四支"，复释"居体"。

阴疑②于阳必战，为其嫌于无阳也，故称龙焉。犹未离③其类也，故称血焉。夫玄黄者，天地之杂也，天玄而地黄。

"疑"，谓钧敌而无小大之差也。坤虽无阳，然阳未尝无也。"血"，阴属，盖气阳而血阴也。"玄黄"，天地之正色，言阴阳皆伤也。

此以上申《象传》之意。

---

① 畅，敕亮反。

② 疑，如字，荀虞、姚信、蜀才本作凝。

③ 离，力智反。

周易本义卷十

说卦传

昔者圣人之作《易》也，幽赞①于神明而生蓍②。

"幽赞神明"，犹言赞化育。《龟策传》曰："天下和平，王道得，而蓍茎长丈，其丛生满百茎。"

参天两地而倚③数。

天圆地方，圆者一而围三，三各一奇，故"参天"而为三。方者一而围四，四合二偶，故"两地"而为二。数皆倚此而起，故揲蓍三变之末，其余三奇，则三三而九；三偶，则三二而六。两二一三则为七，两三一二则为八。

观变④于阴阳而立卦，发挥⑤于刚柔而生爻，和顺于道德而理于义，穷理尽性以至于命。

---

① 赞，子旦反。幽，深也。赞，明也。

② 蓍，音尸。《说文》云：蒿属，生千岁，三百茎。易以为数，天子九尺，诸侯七尺，大夫五尺，士三尺。《毛诗草木疏》云：以藾萧，青色，科生。《鸿范五行传》云：蓍百年，一本生百茎。《论衡》云：七十岁生一茎，七百岁生十茎，神灵之物，故生迟也。《史记》云：生满百茎者，其下必有神龟守之，其上常有云气覆之。《淮南子》云：上有丛蓍，下有伏龟。

③ 倚，于绮反。马云：依也。王肃其绮反，云：立也。虞同。蜀才作奇，通。

④ 观变，一本作"观变化"。

⑤ 挥，音辉。郑云：扬也。王廙、韩云：散也。

和顺，从容无所乖逆，统言之也。理，谓随事得其条理，析言之也。穷天下之理，尽人物之性，而合于天道，此圣人作《易》之极功也。

此第一章。

昔者圣人之作《易》也，将以顺性命之理。是以立天之道曰阴与阳，立地之道曰柔与刚，立人之道曰仁与义。兼三才而两之，故《易》六画而成卦。分阴分阳，迭①用柔刚，故《易》六位而成章②。

"兼三才而两之"，总言六画。又细分之，则阴阳之位，间杂而成文章也。

此第二章。

天地定位，山泽通气，雷风相薄③，水火不相射④，八卦相错。

邵子曰：此伏羲八卦之位。乾南坤北，离东坎西，兑居东南，震居东北，巽居西南，艮居西北。于是八卦相交而成六十四卦，所谓先天之学也。

数往⑤者顺，知来者逆，是故易逆数也。

起震而历离兑，以至于乾，数已生之卦也。自巽而历坎艮，以至于坤，推未生之卦也。《易》之生卦，则以乾兑离震巽坎艮坤为次，故皆"逆数"也。

此第三章。

雷以动之，风以散之。雨以润之，日以烜之。艮以止

---

① 迭，田节反。
② 六位而成章，本又作"六画"。
③ 薄，旁各反。陆云：相附薄也。马、郑、顾云：薄入也。
④ 射，食亦反。虞、陆、董、姚、王肃音亦，云：厌也。
⑤ 数，色具反，又色主反。

之，兑以说之。乾以君之，坤以藏之。

此卦位相对，与上章同。

此第四章。

帝出乎震，齐乎巽，相见乎离，致役乎坤，说言乎兑，战乎乾，劳乎坎，成言乎艮。

帝者天之主宰。邵子曰：此卦位乃文王所定，所谓后天之学也。

万物出乎震。震，东方也。齐乎巽。巽，东南也。齐也者，言万物之洁齐也。离也者，明也，万物皆相见，南方之卦也。圣人南面而听天下，向明而治①，盖取诸此也。坤也者，地也，万物皆致养焉，故曰致役乎坤。兑，正秋也，万物之所说也，故曰说言乎兑。战乎乾。乾，西北之卦也，言阴阳相薄也。坎者，水也，正北方之卦也，劳卦也，万物之所归也，故曰劳乎坎。艮，东北之卦也，万物之所成终而所成始也，故曰成言乎艮。

上言帝，此言万物之随帝以出入也。

此第五章，所推卦位之说，多未详者。

神也者，妙②万物而为言者也。动万物者莫疾乎雷，桡万物者莫疾乎风，燥万物者莫熯③乎火，说万物者莫说乎泽，润万物者莫润乎水，终万物始万物者莫盛④乎艮。故水火相逮，雷风不相悖⑤，山泽通气，然后能变化，既成万物也。

---

① 治，直吏反。

② 妙，如字。王肃作眇，音妙。董云：眇，成也。

③ 熯，王肃云：呼但反，火气也。徐本作暵，音汉，云：热暵也。《说文》同。

④ 盛，是政反。郑音成，云：裹也。

⑤ 悖，必内反，逆也。

此去乾坤而专言"六子"，以见神之所为，然其位序亦用上章之说，未详其义。

此第六章。

乾，健也；坤，顺也；震，动也；巽，入也；坎，陷也；离，丽也；艮，止也；兑，说也。

此言八卦之性情。

此第七章。

乾为马，坤为牛，震为龙，巽为鸡，坎为豕①，离为雉，艮为狗②，兑为羊。

远取诸物如此。

此第八章。

乾为首，坤为腹，震为足，巽为股，坎为耳，离为目，艮为手，兑为口。

近取诸身如此。

此第九章。

乾，天也，故称乎父。坤，地也，故称乎母。震一索③而得男，故谓之长④男；巽一索而得女，故谓之长女。坎再索而得男，故谓之中⑤男；离再索而得女，故谓之中女。艮三索而得男，故谓之少男。兑三索而得女，故谓之少女。

"索"，求也，谓揲蓍以求爻也。"男""女"，指卦中一阴一阳之爻而言。

---

① 豕，京作彘。

② 狗，音苟。

③ 索，色白反。下同。马云：数也。王肃云：求也。

④ 长，丁丈反，下"长女"、"长子"皆同。

⑤ 中，丁仲反，下同。

此第十章。

乾为天，为圜①，为君，为父，为玉，为金，为寒，为冰，为大赤，为良马，为老马，为瘠②马，为驳③马，为木果。

《荀九家》此下有"为龙，为直，为衣，为言"。

坤为地，为母，为布，为釜④，为吝⑤啬，为均，为子母牛，为大舆，为文，为众，为柄⑥。其于地也，为黑。

《荀九家》有为"牝，为迷，为方，为囊，为裳，为黄，为帛，为浆"。

震为雷，为龙⑦，为玄黄，为敷⑧，为大涂，为长子，为决躁，为苍筤⑨竹，为萑⑩苇⑪。其于马也，为善鸣，为馵足，为作足，为的⑫颡。其于稼⑬也，为反生⑭。其究为健，为蕃鲜⑮。

《荀九家》有"为玉、为鹄、为鼓"。

_____

① 圜，音圆。
② 瘠，在亦反，下同。王廙云：健之甚者为多骨也。京荀作柴，云：多筋干。
③ 驳，邦角反。
④ 釜，扶甫反。
⑤ 吝，京作遴。
⑥ 柄，彼病反。
⑦ 龙，如字。虞、干作駹。虞云：仓色。干云：杂色。
⑧ 敷，王肃音孚。干云：花之通名，铺为花兒，谓之敷。本又作专，如字。虞同。姚云：专一也。郑市恋反。
⑨ 筤，音郎。或作琅，通。
⑩ 萑，音丸。《广雅》云：繀也。繀音狄。
⑪ 苇，韦鬼反。芦。
⑫ 的，丁历反。《说文》作马勺。
⑬ 稼，音嫁。
⑭ 反生，麻豆之属反生，戴荨甲而出也。虞作阪，云：陵阪也。陆云：阪当为反。
⑮ 鲜，息连反。

巽为木，为风，为长女，为绳直，为工，为白，为长，为高，为进退，为不果，为臭①。其于人也，为寡②发，为广③颡，为多白眼，为近④利市三倍，其究⑤为躁卦。

《荀九家》有"为杨，为鹳"。

坎为水，为沟渎，为隐伏，为矫⑥揉，为弓轮⑦，其于人也为加忧，为心病，为耳痛，为血卦，为赤，其于马也为美脊⑧，为亟⑨心，为下首，为薄⑩蹄⑪，为曳⑫，其于舆也为多眚，为通，为月，为盗。其于木也，为坚多心。

《荀九家》有"为宫，为律，为可，为栋，为丛棘，为狐，为蒺藜，为桎梏"。

离为火，为日，为电，为中女，为甲胄⑬，为戈兵，其于人也，为大腹，为乾⑭卦，为鳖⑮，为蟹⑯，为蠃⑰，为蚌⑱，为龟。其于木也，为科⑲上槁⑳。

---

① 臭，昌又反。王肃作"为香臭"。
② 寡，如字。本又作宣，黑白杂为"宣发"。
③ 广，如字。郑作黄。
④ 近，附近之近。
⑤ 究，九又反。
⑥ 矫，纪表反。一本作挢，同。
⑦ 轮，姚作伦。
⑧ 脊，精亦反。
⑨ 亟，纪力反。王肃去记反。荀作极，云：中也。
⑩ 薄，旁博反。
⑪ 蹄，徒低反。
⑫ 曳，以制反。
⑬ 胄，直又反。
⑭ 乾，古免反。郑云：乾当为干，阳在以能干正也。董作干。
⑮ 鳖，卑列反。本又作鳖，同。
⑯ 蟹，户买反。
⑰ 蠃，力禾反。京作螺，姚作蠡。
⑱ 蚌，步项反。本又作蜯，同。
⑲ 科，苦禾反，空也。虞作折。
⑳ 槁，苦老反。郑作稾。干作熇。

《荀九家》有"为牝牛"。

艮为山，为径①路，为小石，为门阙，为果蓏②，为阍③寺④，为指，为狗，为鼠，为黔⑤喙⑥之属。其于木也，为坚多节⑦。

《荀九家》有"为鼻，为虎，为狐"。

兑为泽，为少女，为巫⑧，为口舌，为毁折，为附决⑨。其于地也，为刚卤⑩，为妾，为羊⑪。

《荀九家》有"为常，为辅颊"。

此第十一章。广八卦之象，其间多不可晓者。求之于《经》，亦不尽合也。

---

① 径，古定反。

② 果蓏，力火反。马云：果，桃李之属；蓏，瓜瓠之属。应劭云：木实曰果，草实曰蓏。《说文》云：在木曰果，在地曰蓏。张晏云：有核曰果，无核曰蓏。京本作"果堕"之字。

③ 阍，音昏。

④ 寺，如字。徐：音侍，亦作閹字。

⑤ 黔，其廉反。徐：音禽。王肃其严反。郑作黚，谓虎豹之属，贪冒之类。

⑥ 喙，况废反。徐丁遘反。

⑦ 为坚多节，本无坚字。

⑧ 为巫，亡符反。

⑨ 决，如字。徐：音穴。

⑩ 卤，力杜反。咸土也。

⑪ 羊，虞作羔。此六子依求索而为次第也。本亦有"以三男居前，三女后从。乾，健也"。章至此，韩无注。或有注者，非也。荀爽、九家《集解》本乾后更有四，为龙、为直、为衣、为言；坤后有八，为牝、为迷、为方、为囊、为裳、为黄、为帛、为浆；震后有三，为玉、为鹄、为鼓；巽后有二，为杨、为鹳；坎后有八，为宫、为律、为可、为栋、为丛棘、为狐、为蒺藜、为桎梏；离后有一，为牝牛；艮后有三，为鼻、为虎、为狐；兑后有二，为常、为辅颊。注云：常，西方神也。不同，故记之于此。

周易本义卷十一

序卦传

　　有天地，然后万物生焉。盈天地之间者惟万物，故受之以屯。屯者，盈也。

　　屯者，物之始生也。物生必蒙，故受之以蒙。蒙者，蒙也，物之稚也。物稚不可不养也，故受之以需。需者，饮食之道也。饮食必有讼，故受之以讼。

　　讼必有众起，故受之以师。师者，众也。众必有所比①，故受之以比。比者，比也。

　　比必有所畜，故受之以小畜。物畜然后有礼，故受之以履。履而泰，然后安，故受之以泰。

　　晁氏云：郑无"而泰"二字。

　　泰者，通也。物不可以终通，故受之以否②。物不可以终否，故受之以同人。与人同者，物必归焉，故受之以大有。有大者不可以盈，故受之以谦。有大而能谦必豫，故受之以豫。

　　郭氏雍曰：以谦有大，则绝盈满之累③，故优游不迫而暇豫也。

---

　　① 比，毗志反，下注同。

　　② 否，备鄙反，下同。

　　③ 累，劣伪反。

豫必有随，故受之以随。以喜随人者必有事，故受之以蛊。蛊者，事也。有事而后可大，故受之以临。临者，大也。

物大然后可观，故受之以观。可观而后有所合，故受之以噬嗑。嗑者，合也。物不可以苟合而已，故受之以贲。贲者，饰也。致饰然后亨则尽①矣，故受之以剥。剥者，剥也。

物不可以终尽，剥穷上反下，故受之以复。复则不妄矣，故受之以无妄。有无妄然后可畜，故受之以大畜。

物畜然后可养，故受之以颐。颐者，养也。不养则不可动，故受之以大过。物不可以终过，故受之以坎。坎者，陷也。陷必有所丽，故受之以离。离者，丽也。

有天地，然后有万物。有万物，然后有男女。有男女，然后有夫妇。有夫妇，然后有父子。有父子，然后有君臣。有君臣，然后有上下。有上下，然后礼义有所错②夫妇之道，不可以不久也，故受之以恒。恒者，久也。

物不可以久居其所，故受之以遁。遁者，退也。物不可以终遁，故受之以大壮。物不可以终壮，故受之以晋。晋者，进也。进必有所伤，故受之以明夷。夷者，伤也。伤于外者必反其家，故受之以家人。

家道穷必乖，故受之以睽。睽者，乖也。乖必有难③，故受之以蹇。蹇者，难也。物不可以终难，故受之以解④。解者，缓也。

缓必有所失，故受之以损。损而不已必益，故受之以

---

① 尽，津忍反。

② 错，本又作措，又作厝，同七路反。

③ 难，乃旦反。

④ 解，音蟹，下同。

益。益而不已必决，故受之以夬。夬者，决也。决必有所遇，故受之以姤。姤者，遇也。

物相遇而后聚，故受之以萃。萃者，聚也。聚而上者谓之升，故受之以升，升而不已必困，故受之以困。困乎上者必反下，故受之以井。

井道不可不革，故受之以革。

革物者莫若鼎，故受之以鼎。主器者莫若长①子，故受之以震。震者，动也。物不可以终动，止之，故受之以艮。艮者，止也。物不可以终止，故受之以渐。渐者，进也。进必有所归，故受之以归妹。得其所归者必大，故受之以丰。丰者，大也。

穷大者必失其居，故受之以旅。旅而无所容，故受之以巽。巽者，入也。

入而后说之，故受之以兑。兑者，说也。说而后散之，故受之以涣。涣者，离也。

物不可以终离，故受之以节。节而信之，故受之以中孚。有其信者必行之，故受之以小过。

有过物者必济，故受之以既济。物不可穷也，故受之以未济。终焉。

---

① 长，丁丈反。

周易本义卷十二

杂卦传

乾刚坤柔，比乐师忧。

临观①之义，或与或求。

以我临物曰"与"，物来观我曰"求"。或曰：二卦互有与求之义。

屯见②而不失其居，蒙杂而著。

屯震遇坎，震动故"见"，坎险不行也。蒙，坎遇艮，坎幽昧，艮光明也。或曰：屯以初言，蒙以二言。

震，起也。艮，止也。损益，盛衰之始也。

大畜，时也。无妄，灾也。

止健者，时有适然，无妄而灾自外至。

萃聚而升不来也，谦轻而豫怠③也。

噬嗑，食也。贲，无色也。

白受采。

兑见而巽伏也。

兑阴外见，巽阴内伏。

随，无故也。蛊，则饬④也。

随前无故，蛊后当饬。

剥，烂也。复，反也。

---

① 观，古乱反。

② 见，贤遍反。

③ 怠，本又作殆。

④ 饬，音敕，注同。整治也。郑本、王肃作饰。

晋，昼①也。明夷，诛②也。

诛，伤也。

井通而困相遇也。

刚柔相遇而刚见掩也。

咸，速也。恒，久也。

咸速，恒久。

涣，离也。节，止也。解，缓也。蹇，难也。睽，外也。家人，内也。否泰，反其类也。

大壮则止，遯则退也。

止，谓不进。

大有，众③也。同人，亲也。革，去④故也。鼎，取新也。小过，过也。中孚，信也。丰，多故也。亲寡，旅也。

既明且动，其故多矣。

离上而坎下也。

火炎上⑤，水润下。

小畜，寡也。履，不处也。

不处行进之义。

需，不进也。讼，不亲也。

大过，颠也。姤，遇也，柔遇刚也。渐，女归待男行也。颐，养正也。既济，定也。归妹，女之终也。未济，男之穷也。夬，决也，刚决柔也。君子道长⑥，小人道忧也。

自大过以下，卦不反对，或疑其错简，今以韵协之，又似非误，未详何义。

---

① 昼，竹又反。
② 诛，荀云：诛，灭也。陆、韩云：伤也。
③ 众，荀作终。
④ 去，起吕反，下同。
⑤ 上，时掌反。
⑥ 长，丁丈反。

周易本义卷末上

周易五赞

原　象

太一肇判，阴降阳升。阳一以施，阴两而承。

惟皇昊羲，仰观俯察。奇偶既陈，两仪斯设。

既干乃支，一各生两。阴阳交错，以立四象。

奇加以奇，曰阳之阳。奇而加偶，阳阴以章。

偶而加奇，阴内阳外。偶复加偶，阴与阴会。

两一既分，一复生两。三才在目，八卦指掌。

奇奇而奇，初一曰乾。奇奇而偶，兑次二焉。

奇偶而奇，次三曰离。奇偶而偶，四震以随。

偶奇而奇，巽居次五。偶奇而偶，坎六斯睹。

偶偶而奇，艮居次七。偶偶而偶，八坤以毕。

初画为仪，中画为像。上画卦成，人文斯朗。

因而重之，一贞八悔。六十四卦，内由达外。

交易为体，往此来彼。变易为用，时静时动。

降帝而王，传夏历商。有占无文，民用弗章。

文王系象，周公系爻。视此八卦，二纯六交。

乃乾斯父，乃坤斯母。震坎艮男，巽离兑女。

离南坎北，震东兑西。乾坤艮巽，位以四维。

建官立师，命曰周易。孔圣赞之，是为十翼。

遭秦弗烬，及宋而明。邵传羲画，程演周经。

象陈数列，言尽理得。弥亿万年，永著常式。

述　旨

昔在上古，世质民淳。是非莫别，利害不分。
风气既开，乃生圣人。聪明睿智，出类超群。
仰观俯察，始画奇偶。数之卜筮，以断可否。
作为君师，开凿户牖。民用不迷，以有常守。
降及中古，世变风移。淳浇质丧，民伪日滋。
穆穆文王，身蒙大难。安土乐天，惟世之患。
乃本卦义，系此彖辞。爰及周公，六爻是资。
因事设教，丁宁详密。必中必正，乃亨乃吉。
语子惟孝，语臣则忠。钩深阐微，如日之中。
爰暨末流，滔于术数。偻句成欺，黄裳亦误。
大哉孔子，晚好是书。韦编既绝，八索以祛。
乃作彖象，十翼之篇。专用义理，发挥经言。
居省象辞，动察变占。存亡进退，陟降飞潜。
曰毫曰厘，匪差匪缪。假我数年，庶无大咎。
恭惟三古，四圣一心。垂象炳明，千载是临。
惟是学者，不本其初。文辞象数，或肆或拘。
嗟予小子，既微且陋。钻仰没身，奚测奚究。
匪警滋荒，匪识滋漏。惟用存疑，敢曰垂后。

明　筮

倚数之元，参天两地。衍而极之，五十乃备。
是曰大衍，虚一无为。其为用者，四十九蓍。
信手平分，置右于几。取右一蓍，挂左小指。
乃以右手，揲左之策。四四之余，归之于扐。
初扐左手，无名指间。右策左揲，将指是安。
再扐之奇，通挂之算。不五则九，是谓一变。

置此挂扐，再用存策。分挂揲归，复准前式。
三亦如之，奇皆四八。三变既备，数斯可察。
数之可察，其辨伊何。四五为少，八九为多。
三少为九，是曰老阳。三多为六，老阴是当。
一少两多，少阳之七。孰八少阴，少两多一。
既得初爻，复合前蓍。四十有九，如前之为。
三变一爻，通十八变。六爻发挥，卦体可见。
老极而变，少守其常。六爻皆守，彖辞是当。
变视其爻，两兼首尾。变及三爻，占两卦体。
或四或五，视彼所存。四二五一，二分一专。
皆变而他，新存旧毁。消息盈虚，舍此视彼。
乾占用九，坤占用六。泰愕匪人，姤喜来复。

稽 类

八卦之象，说卦详焉。考之于经，其用弗专。
彖以情言，象以像告。惟是之求，斯得其要。
乾健天行，坤顺地从。震动为雷，巽入木风。
坎险水泉，亦云亦雨。离丽文明，电日而火。
艮止为山，兑说为泽。以是举之，其要斯得。
凡卦六虚，奇偶殊位。奇阳偶阴，各以其类。
得位为正，二五为中。二臣五君，初始上终。
贞悔体分，爻以位应。阴阳相求，乃得其正。
凡阴斯淑，君子居之。凡阴斯慝，小人是为。
当可类求，变非例测。非常曷变，谨此为则。

警 学

读易之法，先正其心。肃容端席，有翼有临。
于卦于爻，如筮斯得。假彼象辞，为我仪则。

字从其训，句逆其情。事因其理，意适其平。
曰否曰藏，如目斯见。曰止曰行，如足斯践。
毋宽以略，毋密以穷。毋固而可，毋必而通。
平易从容，自表而里。及其贯之，万事一理。
理定既实，事来尚虚。用应始有，体该本无。
稽实待虚，存体应用。执古御今，由静制动。
洁静精微，是之谓易。体之在我，动有常言。
在昔程氏，继周绍孔。奥旨宏纲，星陈极拱。
惟斯未启，以俟后人。小子狂简，敢述而申之。

周易本义卷末下

筮 仪

择地洁处为蓍室，南户，置床于室中央。

床大约长五尺，广三尺，毋太近壁。

蓍五十茎，韬以纁帛，贮以皂囊，纳之椟中，置于床北。

椟以竹筒，或坚木，或布漆为之，圆径三寸，如蓍之长，半为底，半为盖，下别为台函之，使不偃仆。

设木格于椟南，居床二分之北。

格以横木板为之。高一尺，长竟床，当中为两大刻，相距一尺，大刻之西为三小刻，相距各五寸许，下施横足，侧立案上。

置香炉一于格南，香合一于炉南，炷香致敬。将筮，则洒扫拂试，涤砚一，注水，及笔一、墨一、黄漆板一，于炉东，东上。筮者齐洁衣冠北向，盥手焚香致敬。

筮者北向，见《仪礼》。若使人筮，则主人焚香毕，少退，北向立。筮者进立于床前少西，南向受命，主人直述所占之事，筮者许诺。主人右还西向立，筮者右还北向立。

两手奉椟盖，置于格南炉北，出蓍于椟，去囊解韬，置于椟东。合五十策，两手执之，熏于炉上。

此后所用蓍策之数，其说并见《启蒙》。

命之曰：假尔泰筮有常，假尔泰筮有常，某官姓名，今以某事，云云，未知可否。爰质有疑于神于灵，吉凶得失，悔吝忧虞，惟尔有神，尚明告之。乃以右手取其一策，反于椟中，而以左右手中分四十九策，置格之左右两大刻。

此第一营，所谓分而为二以象两者也。

次以左手取左大刻之策执之，而以右手取右大刻之一策，挂于左手之小指间。

此第二营，所谓挂一以象三者也。

次以右手四揲左手之策。

此第三营之半，所谓揲之以四以象四时者也。

次归其所余之策，或一，或二，或三，或四，而扐之左手无名指间。

此第四营之半，所谓归奇于扐，以象闰者也。

次以右手反过揲之策于左大刻，遂取右大刻之策执之，而以左手四揲之。

此第三营之半。

次归其所余之策如前，而扐之左手中指之间。

此第四营之半，所谓再扐以象再闰者也。

一变所余之策，左一则右必三，左二则右亦二，左三则右必一，左四则右亦四。通挂一之策，不五则九，五以一其四而为奇，九以两其四而为偶，奇者三而偶者一也。

次以右手反过揲之策于右大刻，而合左手一挂二扐之策，置于格上第一小刻。

以东为上，后仿此。

是为一变。再以两手取左右大刻之蓍合之，

或四十四策，或四十策。

复四营如第一变之仪，而置其挂扐之策于格上第二小刻，是为二变。

二变所余之策，左一则右必二，左二则右必一，左三则右必四，左四则右必三。通挂一之策，不四则八，四以一其四而为奇，八以两其四而为偶，奇偶各得四之二焉。

又再取左右大刻之蓍合之，

或四十策，或三十六策，或三十二策。

复四营如第二变之仪，而置其挂扐之策于格上第三小刻，是为三变。

三变余策与二变同。

三变既毕，乃视其三变所得挂扐过揲之策，而画其爻于版。

挂扐之数，五四为奇，九八为偶，挂扐三奇，合十三策，则过揲三十六策而为老阳，其书为"□"，所谓重也。挂扐两奇一偶合十七策，则过揲三十二策而为少阴，其画为"——"，所谓拆也。挂扐两偶一奇合二十一策，则过揲二十八策而为少阳，其书为"—"，所谓单也。挂扐三偶合二十五策，则过揲二十四策，而为老阴，其书为"×"，所谓交也。

如是每三变而成爻，

第一、第四、第七、第十、第十三、第十六、凡六变并同，但第二变以下不命，而但用四十九蓍耳。第二、第五、第八、第十一、第十四、第十七，凡六变亦同。第三、第六、第九、第十二、第十五、第十八，凡六变亦同。

凡十有八变而成卦，乃考其卦之变，而占其事之吉凶。

卦变别有图说，见《启蒙》。

礼毕，韬蓍袭之以囊，入椟回盖，敛笔砚墨版，再焚香致敬而退。

如使人筮，则主人焚香，揖筮者而退。

易 学 启 蒙

易学启蒙序

圣人观象以画卦，揲蓍以命爻，使天下后世之人，皆有以决嫌疑，定犹豫，而不迷于吉凶悔吝之途，其功可谓盛矣。然其为卦也，自本而干，自干而枝，其势若有所迫，而自不能已。其为蓍也，分合进退，纵横逆顺，亦无往而不相值焉。是岂圣人心思智虑之所得为也哉？特气数之自然，形于法象，见于图书者，有以启于其心而假手焉耳。近世学者，类喜谈《易》，而不察乎此。其专于文义者，既支离散漫，而无所根著；其涉于象数者，又皆牵合傅会，而或以为出于圣人心思智虑之所为也。若是者，予窃病焉。因与同志，颇辑旧闻，为书四篇，以示初学，使毋疑于其说云。

淳熙丙午暮春既望

云台真逸手记

本图书第一

《易大传》曰："河出图，洛出书，圣人则之。"

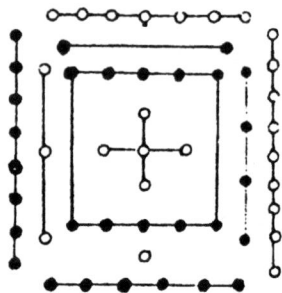

河　图

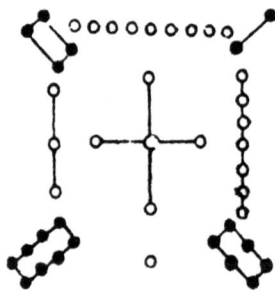

洛　书

　　孔安国云：河图者，伏羲氏王天下，龙马出河。遂则其文，以画八卦。洛书者，禹治水时，神龟负文而列于背，有数至九，禹遂因而第之，以成九类。刘歆云：伏羲氏继天而王，受河图而画之，八卦是也。禹治洪水，赐洛书，法而陈之，九畴是也。河图洛书，相为经纬；八卦九章，相为表里。关子明云：河图之文，七前六后，八左九右。洛书之文，九前一后，三左七右，四前左二前右，八后左六后右。邵子曰："圆者，星也。历纪之数，其肇于此乎？"[①]"方者土也，画州井地之法，其仿于此乎？"[②]"盖圆者，河图之数；

---

　　① 历法合二始以定刚柔，二中以定律历，二终以纪闰余，是所谓历纪也。

　　② 州有九井九百亩，是所谓画州井地也。

方者，洛书之文。故羲文因之而造《易》，禹箕叙之而作《范》也。"①

天一、地二，天三、地四，天五、地六，天七、地八，天九、地十。天数五、地数五，五位相得而各有合。天数二十有五，地数三十，凡天地之数，五十有五，此所以成变化而行鬼神也。

此一节，夫子所以发明河图之数也。天地之间，一气而已，分而为二，则为阴阳，而五行造化，万物始终，无不管于是焉。故河图之位，一与六共宗而居乎北，二与七为朋而居乎南，三与八同道而居乎东，四与九为友而居于西，五与十相守而居乎中。盖其所以为数者，不过一阴一阳，一奇一偶，以两其五行而已。所谓天者，阳为轻清而位乎上者也；所谓地者，阴之重浊而位乎下者也。阳数奇，故一三五七九皆属乎天，所谓天数五也。阳数偶，故二四六八十皆属乎地，所谓地数五也。天数、地数各以类而相求，所谓五位

① 蔡元定曰：古今传记，自孔安国、刘向父子、班固皆以为河图授羲、洛书赐禹。关子明、邵康节皆以十为河图，九为洛书。盖《大传》既陈"天地五十有五之数"，《洪范》又明言"天乃赐禹"。"洪范九畴"，而九宫之数戴九履一，左三右七，二四为肩，六八为足，正龟背之象也。惟刘牧臆见以九为河图，十为洛书。托言出于希夷，既与诸儒旧说不合，又引《大传》以为二者皆出于伏羲之世，其易置图书，并无明验。但谓伏羲兼取图书，则《易》《范》之数，诚相表里为可疑耳。其实天地之理，一而已矣。虽时有古今先后之不同，而其理则不容于有二也。故伏羲但据河图以作《易》，则不必豫见洛书，而已逆与之合矣。大禹但据洛书以作《范》，则亦不必追考河图，而已暗与之符矣。其所以然者，何哉？诚以此理之外，无复他理故也。然不特此耳。律吕有五声十二律，而其相乘之数，究于六十日。名有十干十二支，而其相乘之数，亦究于六十。二者皆出于易之后，其起数又各不同，然与易之阴阳策数多少自相配合。皆为六十者，无不若合符契也。下至运气参同太乙之属，虽不足道，然亦无不相通，盖自然之理也。假令今世复有图书者出，其数亦必相符。可谓伏羲有取于今日而作《易》乎？《大传》所谓"河出图，洛出书，圣人则之"者，亦泛言圣人作《易》作《范》，其原皆出于天之意。如言"以卜筮者尚其占"，与"莫大乎蓍龟"之类，《易》之书岂有龟与卜之法乎？亦言其理无二而已尔。

之相得者然也。天以一生水，而地以六成之；地以一生火，而天以七成之；天以三生木，而地以八成之；地以四生金，而天以九成之；天以五生土，而地以十成之。此又其所谓各有合焉者也。称五奇而为二十五，称五偶而为三十。合是二者而为五十有五，此河图之全数，皆夫子之意，而诸儒之说也。

至于洛书，则虽夫子之所未言，然其象其说已具于前，有以通之。则刘歆所谓经纬表里者可见矣。或曰：河图洛书之位与数，其所以不同何也。曰：河图以五生数统五成数，而同处其方，盖揭其全以示人，而道其常数之体也。洛书以五奇数统四偶数，而各居其所，盖主于阳以统阴，而肇其变数之用也。曰：其皆以五居中者何也？曰：凡数之始，一阴一阳而已矣。阳之象圆，圆者径一而围三；阴之象方，方者径一而围四。围三者以一为一，故参其一阳而为三。围四者以二为一，故两其一阴而为二，是所谓参天两地者也。三二之合，则为五矣。此河图洛书之数，所以皆以五为中也。然河图以生数为主，故其中之所以为五者，亦具五生数之象焉。其下一点，天一之象也。其上一点，地二之象也。其左一点，天三之象也。其右一点，地四之象也。其中一点，天五之象也。洛书以奇数为主，故其中之所以为五者，亦具五奇数之象焉。其下一点，亦天一之象也。其左一点，亦天三之象也。其中一点，亦无五之象也。其右一点，则天七之象也。其上一点，则天九之象也。其数与位，皆三同而二异。盖阳不可易而阴可易。成数虽阳，固亦生之阴也。曰：中央之五，既为五数之象矣。然其为数也，奈何曰"以数言之，通乎一圆，由内及外，固各有称，实可纪之数矣"。然河图之一二三四各居其五象本方之外，而六七八九十者，又各因五而得数，以附于其生数之外。洛书之一三七九亦各居其五象本方之外，而二四六八者，又各因其类，以附于奇数之侧。盖中者为主，而外者为客；正者为君，而侧者为臣，亦各有条而不紊也。曰："其多寡之不同何也？"曰：河图主全，故极于十，而奇偶之位均，论其称实，然后见其偶赢而奇乏也。洛书主变，故极于九，而其位与实，皆奇赢而偶乏也，必皆虚其中也。然后阴阳之数，均于二十而无偏耳。曰："其序之不同何也？"曰：河图以生出之次言之，则始下次上，次左次右以复于中，而又始于下也。以运行之次言之，则始东次南，次中、次西、次北，左旋一周，而又始于东也。其生数之在内者，则阳居下左，而阴居上右也。其成数之在外者，则阴居下左，而阳居上右也。洛书之次，其阳数，则首北次东、次中、次西、次南。其阴数则首西南次东南，次西北、次东北也。合而言之，则首北次西南、次东、次东南、次中、次西北、次西、次东北而究于南也。其运行，则水克火、火克金、金克木、木克土，右旋一周，而土复克水也，是亦各有说矣。曰：其七八九六之数不同何也。曰：河图六七八九，既附于生数之外矣。此阴阳老少，进退饶乏之正也。其九者，生数一三五之称也。故自北而东，自东而西，以成于四之外，其六者，生数二四之称也。故自南而西，自西而北，以成于一之外，七则九之自西而南者也。八则六之自北而东者也。此又阴阳老少，互藏其宅之变也。洛书之纵横十五，而七八九六，迭为消长，虚五分十，而一含九，二含八，三含七，四含六，则参伍错综，无适而不遇其合焉。此变化无穷之所以为妙也。曰：然则圣人之则之也，奈何？曰：则河图者虚其中，则洛书者总其实也。河图之虚五与十者，太极也。奇数二十，偶数二十者，两仪也。以一、二、三、四为天。六七八九者，四象也。析四方之合，以为乾坤离坎，补四隅之空，以为兑震巽艮者，八卦也。洛书之实，其一为五行，其二为五事，其三为八政，其四为五纪，其五为皇极，其六为三德，其七为稽疑，其八为庶徵，其九为福极，其位与数尤晓然矣。曰：洛书而虚其中，则亦太极也。奇偶各居二十，则亦两仪也。一二三四而含九八七六，纵横十五而互为七八九六，则亦四象也。四方之正，以为乾坤离坎，四隅之偏，以为兑震巽艮，则亦八卦也。河图之一六为水，二七为火，三八为木，四九为金，五十为土，则固《洪范》之五行，而五十有五者，又九畴之子目也。是则洛书固可以为易，而河图亦可以为范矣。且又安知图之不为书，书之不为图也邪。曰：是其时虽有先后，数虽有多寡，然其为理则一而已。但是乃伏羲之所先得乎图，而初无所待于书，范则大禹之所独得乎书，而未必追考于图耳。且以河图而虚十，则洛书四十有五之数也。虚五，则大衍五十之数也。积五与十，则洛书纵横十五之数也。以五乘十，以十乘五，则又皆大衍之数也。洛书之五，又自含五而得十，而通为大衍之数矣。称五与十，则得十五，而通为河图之数矣。苟明乎此，则横斜曲直，无所不通，而河图洛书，又岂有先后彼此之间哉？

原卦画第二

古者包羲氏之王天下也，仰则观象于天，俯则观法于地。观鸟兽之文，与地之宜，近取诸身，远取诸物，于是始作八卦，以通神明之德，以类万物之情。

易有太极，是生两仪，两仪生四象，四象生八卦。

《大传》又言：包羲画卦所取如此，则《易》非独以河图而作也。盖盈天地之间，莫非太极阴阳之妙，圣人于此，仰观俯察，远求近取，固有以超然而默契于其心矣。故自两仪之未分也，浑然太极，而两仪、四象、六十四卦之理，已粲然于其中。自太极而分两仪，则太极固太极也，两仪固两仪也。自两仪而分四象，则两仪又为太极，而四象又为两仪矣。自是而推之，由四而八，由八而十六，由十六而三十二，由三十二而六十四，以至于百千万亿之无穷。虽其见于画书者，若有先后而出于人为，然其已定之形，已成之势，则固已其于浑然之中，而不容毫发思虑作为于其间也。程子所谓加一倍法者，可谓一言以蔽之。而邵子所谓画前有易者，又可见其真不妄矣。世儒于此，或不之察，往往以为圣人作为，盖极其心思探索之巧而得之，甚者至谓凡卦之画，必由蓍而后得，其误益以甚矣。

易有太极

太极者，象数未形，而其理已具之称。形器已具，而其理无朕之目。在河图、洛书，皆虚中之象也。周子曰："无极而太极。"邵子曰："道为太极"；又曰："心为太极。"此之谓也。

阳　　　仪　　　　　　　阴　　　仪

▭▭▭▭▭▭▭　　　▭▭▭　▭▭▭

是生两仪

太极之判，始生一奇一偶而为一画者二，是为两仪，其数则阳一而阴二。在河图、洛书则奇偶是也。周子所谓太极动而生阳。动极而静，静而生阴，静极复动，一动一静，互为其根。分阴分阳，两仪立焉。邵子所谓　分为二者，皆谓此也。

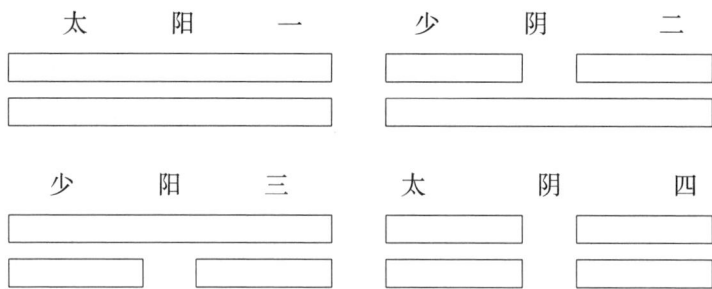

太　阳　一　　　　少　阴　二

少　阳　三　　　　太　阴　四

两仪生四象

两仪之上，各生一奇一偶，而为二画者四，是谓四象。其位则太阳一，少阴二，少阳三，太阴四。其数则太阳九，少阴八，少阳七，太阴六。以河图言之，则六者一而得于五者也，七者二而得于五者也，八者，三而得于五者也，九者，四而得于五者也。以洛书言之，则九者，十分一之余也；八者，十分二之余也；七者，十分三之余也；六者，十分四之余也。周子所谓水火木金。邵子所谓二分为四者，皆谓此也。

乾一　　　兑二　　　离三　　　震四

巽五　　　坎六　　　艮七　　　坤八

四象生八卦

四象之上，各生一奇一偶而为三画者八。于是三才略具，而有八卦之名矣。其位则乾一兑二离三震四巽五坎六艮七坤八。在《河图》，则乾坤离坎分居四实，兑震巽艮分居四虚。在《洛书》，则乾坤离坎分居四方，兑震巽艮分居四隅。《周礼》所谓三易"经卦皆八；大传所谓八卦成列；邵子所谓四分为八者，皆指此而言也。

八卦之上，各生一奇一偶，而为四画者十六，于经无见。邵子所谓八分为十六者是也。又为两仪之上，各加八卦；又为八卦之上，各加两仪也。

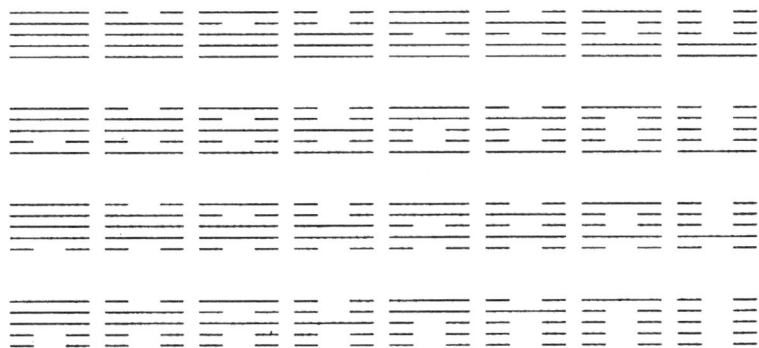

四画之上各生一奇一偶而为五画者三十二，邵子所谓十六分为三十二者是也。又为四象之上，各加八卦；又为八卦之上各加四象也。

乾　夬　大有　大壮　小畜　需　大畜　泰

履　兑　睽　归妹　中孚　节　损　临

同人　革　离　丰　家人　既济　贲　明夷

无妄　随　噬嗑　震　益　屯　颐　复

姤　大过　鼎　恒　巽　井　蛊　升

讼　困　未济　解　涣　坎　蒙　师

遁　咸　旅　小过　渐　蹇　艮　谦

否　萃　晋　豫　观　比　剥　坤

　　五画之上，各生一奇一偶，而为六画者六十四，则兼三才而两之，而八卦之乘八卦亦周，于是六十四卦之名立，而易道大成矣。《周礼》所谓"三《易》之别皆六十有四"，《大传》所谓"因而重之，爻在其中矣"，邵子所谓"三十二分为六十四"者是也。若于其上各卦又各生一奇一偶，则为七画者百二十八矣。七画之上又各生一奇一偶，则为八画者二百五十六矣。八画之上又各生一奇一偶，则为九画者五百十二矣。九画之上，又各生一奇一偶，则为十画者千二十四矣。十画之上又各生一奇一偶，则为十一画者二千四十八矣。十一画之上又各生一奇一偶，则为十二画者，四千九十六矣。此焦赣《易林》变卦之数，盖亦六十四乘六十四也。今不复为图于此，而略见第四篇中。若自十二画上又各生一奇一偶，累至二十四画，则成千六百七十七万七千二百一十六变，以四千九十六自相乘，其数亦与此合。引而伸之，盖未知其所终极也。虽未见其用处，然亦足以见易道之无穷矣。

伏羲八卦图

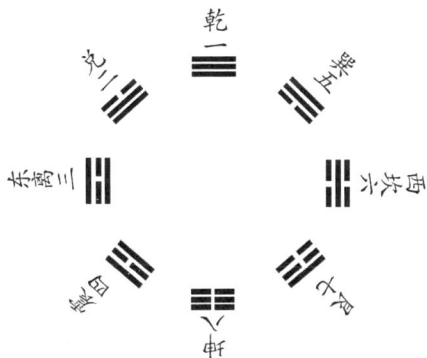

伏羲六十四卦图

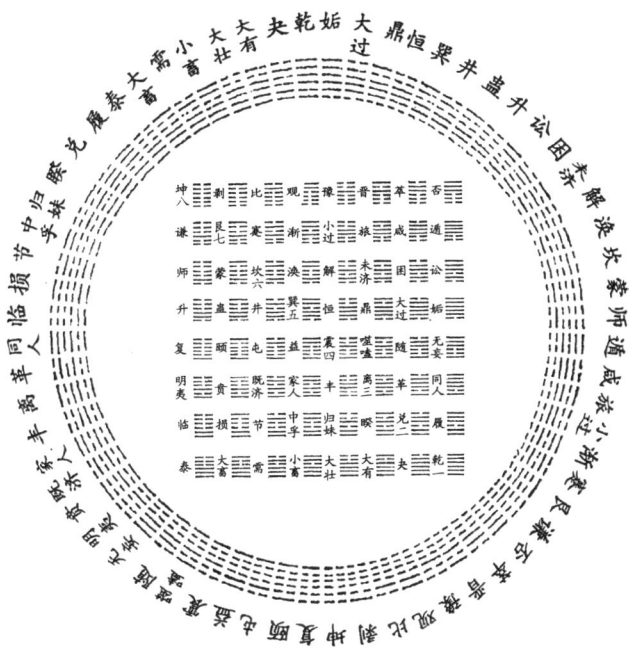

天地定位，山泽通气。雷风相薄，水火不相射，八卦相错，数往者顺，知来者逆，是故易逆数也。

雷以动之，风以散之，雨以润之，日以烜之，艮以止之，兑以说之，乾以君之，坤以藏之。

邵子曰：此一节，明伏羲八卦也。八卦相错者，明交相错而成六十四也。数往者顺，若顺天而行，是左旋也。皆已生之卦也。故云数往也。知来者逆，若逆天而行，是右行也。皆未生之卦也。故云知来也。夫易之数，由逆而成矣。此一节，直解图意，若逆知四时之谓也。①

又曰：太极既分，两仪立焉。阳上交于阴，阴下交于阳，而四象生矣。阳交于阴，阴交于阳，而生天之四象。刚交于柔，柔交于刚，而生地之四象。八卦相错，而后万物生焉。是故一分为二，二分为四，四分为八，八分为十六，十六分为三十二，三十二分为六十四。犹根之有干，干之有枝，愈大则愈小，愈细则愈繁。是故乾以分之，坤以翕之，震以长之，巽以消之。长则分，分则消，消则翕也，乾坤定位也。震巽一交也。兑离坎艮再交也。故震阳少而阴尚多也。巽阴少而阳尚多也。兑离阳浸多也，坎艮阴浸多也。

又曰：无极之前，阴含阳也。有象之后，阳分阴也。阴为阳之母，阳为阴之父。故母孕长男而为复，父生长女而为姤。是以阳起于复，而阴起于姤也。

又曰：震始交阴而阳生，巽始消阳而阴生。兑，阳长也；艮，阴长也。震、兑在天之阴也；巽、艮在地之阳也。故震、兑上阴而下阳；巽、艮上阳而下阴。天以始生言之，故阳上而阴下，交泰之义也。地从既成言之，故阳上而阴下，尊卑之位也。乾、坤定上下

---

① 以横图观之，有乾一而后有兑二，有兑二而后有离三，有离三而后有震四，有震四而巽五、坎六、艮七、坤八，亦以依次而生焉，此易之所以成也。而圆图之左方，自震之初为冬至，离兑之中为春分，以至于乾之末而交夏至焉，皆进而得其已生之卦，犹自今日而追数昨日也。故曰："数往者顺。"其右方自巽之初为夏至，坎艮之中为秋分，以至于坤之末而交冬至焉，皆进而得其未生之卦，犹自今日而逆计来日也。故曰："知来者逆。"然本易之所以成，则其先后始终，如横图及圆图右方之序而已，故曰："易逆数也"。

之位，坎、离列左右之门。天地之所开辟，日月之所出入。春夏秋冬，晦朔弦望，昼夜长短，行度盈缩，莫不由乎此矣。[①]

又曰：乾四十八而四分之，一分为阴所尅也。坤四十八而四分之，一分为所尅之阳也。故乾得三十六尅，而坤得十二也。[②]

又曰：乾坤纵而六子横，《易》之本也。

又曰：阳在阴中，阳逆行；阴在阳中，阴逆行；阳在阳中，阴在阴中，则皆顺行。此真至之理，按图可见之矣。

又曰：复至乾，凡百一十有二阳；姤至坤，凡八十阳。姤至坤，凡百一十有二阴；复至乾，凡八十阴。

又曰：坎离者，阴阳之限也。故离当寅，坎当申，而数常逾之者，阴阳之溢也。然用数不过乎中也。[③]

又曰：先天学，心法也。故图皆自中起，万化万事生于心也。

又曰：图虽无文，吾终日言而未尝离乎是。盖天地万物之理，尽在其中矣。

文王八卦图

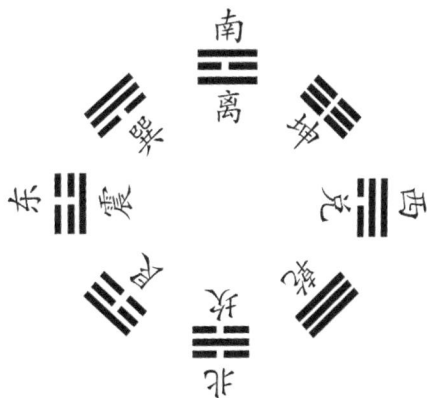

帝出乎震，齐乎巽，相见乎离，致役乎坤，说言乎兑，

---

① 震始交阴而阳生，是说圆图震与坤接，而一阳生也。巽始消阳而阴生，是说圆图巽与乾接，而一阴生也。

② 兑、离以下更思之。今按：兑、离二十八阳二十阴。震二十阳，二十八阴。艮、坎二十八阴，二十阳。巽二十阴，二十八阳。

③ 此更宜思离当卯、坎当酉，但以坤为子半可见矣。

战乎乾，劳乎坎，成言乎艮。万物出乎震，震，东方也。齐乎巽，巽，东南也。齐也者，言万物之洁齐也。离也者，明也，万物皆相见，南方之卦也。圣人南面而听天下，向明而治，盖取诸此也。坤也者，地也，万物皆致养焉，故曰：致役乎坤。兑，正秋也，万物之所说也，故曰：说言乎兑。战乎乾，乾，西北之卦也。言阴阳相薄也。坎者，水也，正北方之卦也，劳卦也，万物之所归也，故曰：劳乎坎。艮，东北之卦也，万物之所成终，而所成始也，故曰：成言乎艮。

神也者，妙万物而为言者也。动万物者，莫疾乎雷，挠万物者，莫疾乎风。燥万物者，莫熯乎火。说万物者，莫说乎泽。润万物者，莫润乎水，终万物，始万物者，莫盛乎艮。故水火相逮，雷风不相悖。山泽通气，然后能变化，既成万物也。

邵子曰：此一节，明文王八卦也。

又曰：至哉！文王之作《易》也。其得天地之用乎？故乾坤交而为泰，坎离交而为既济也。乾生于子，坤生于午，坎终于寅，离终于申，以应天之时也。置乾于西北，退坤于西南。长子用事而长女代母。坎离得位，而兑艮为偶，以应地之方也。王者①之法，其尽于是矣。②又曰：易者，一阴一阳之谓也。震、兑，始交者也，故当朝夕之位。坎、离，交之极者也，故当子午之位。巽、艮不交，而阴阳犹杂也，故当用中之偏。乾、坤，纯阳纯阴也，故当不用之位也。

---

① 文王也。

② 此言文王改易伏羲卦图之意也。盖自乾南坤北而交，则乾北坤南而为泰矣。自离东坎西而交，则离西坎东而为既济矣。乾坤之交者，自其所已成而反其所由生也。故再变则乾退乎西北，坤退乎西南也。坎离之变者，东自上而西，西自下而东也。故乾坤既退，则离得乾位，而坎得坤位也。震用事者，发生于东方；巽代母者，长养于东南也。

又曰：兑、离、巽，得阳之多者也。艮、坎、震，得阴之多者也。是以为天地用也。乾，极阳；坤，极阴，是以不用也。①

又曰：震、兑横而六卦纵，易之用也。

乾，健也。坤，顺也。震，动也。巽，入也。坎，陷也。离，丽也，艮，止也。兑，说也。

程子曰：凡阳在下者，动之象；在中者，陷之象；在上，止之象。阴在下者，入之象；在中者，丽之象；在上，说之象。

乾为马。坤为牛。震为龙。巽为鸡。坎为豕。离为雉。艮为狗。兑为羊。

此远取诸物之象。

乾为首。坤为腹。震为足。巽为股。坎为耳。离为目。艮为手。兑为口。

此近取诸身之象。

乾，天也，故称乎父。坤，地也。故称乎母。震一索而得男，故谓之长男。巽一索而得女，故谓之长女。坎再索而得男。故谓之中男。离再索而得女，故谓之中女。艮三索而得男，故谓之少男。兑三索而得女，故谓之少女。

今按：坤求于乾，得其初九而为震，故曰一索而得男。乾求于坤，得其初六而为巽，故曰一索而得女。坤再求而得乾之九二以为坎，故曰再索而得男。乾再求而得坤之六二以为离，故曰再索而得

---

① 尝考此图而更为之说曰：震东兑西者，阳主进，故以长为先，而位乎左；阴主退，故以少为贵，而位乎右也。坎北者，进之中；离南者，退之中。男北而女南者，互藏其宅也。四者皆当四方之正位，而为用事之卦。然震、兑始，而坎、离终；震、兑轻，而坎、离重也。乾西北，坤西南者，父母既老，而退居不用之地也。然母亲而父尊，故坤犹半用，而乾全不用也。艮东北、巽东南者，少男进之后，而长女退之先，故亦皆不用也。然男未就傅，女将有行，故巽稍向用，而艮全未用也。四者皆居四隅不正之位，然居东者未用，而居西者不复用也。故下文历举六子，而不数乾坤。至其水火雷风山泽之相偶，则又用伏羲卦云。

女。坤三求而得乾之九三为艮，故曰三索而得男。乾三求而得坤之六三以为兑，故曰三索而得女。

凡此数节，皆文王观于已成之卦，而推其未明之象以为说。邵子所谓"后天之学"，人用之位者也。

明蓍策第三

大衍之数五十。

河图、洛书之中数皆五，衍之而各极其数以至于十，则合为五十矣。河图积数五十五，其五十者，皆因五而后得，独五为五十所因，而自无所因，故虚之则但为五十。又五十五之中，其四十者，分为阴阳老少之数，而其五与十者无所为，则又以五乘十，以十乘五，而亦皆为五十矣。洛书积数四十五，而其四十者，散布于外，而分阴阳老少之数唯五居中而无所为，则亦自含五数。而并为五十矣。

其用四十有九，

大衍之数五十，而蓍一根百茎，可当大衍之数者二，故揲蓍之法，取五十茎为一握，置其一不用，以象太极。而其当用之策，凡四十有九，盖两仪体具而未分之象也。

分而为二以象两，挂一以象三，揲之四以象四时，归奇于扐以象闰，五岁再闰，故再扐而后挂。

挂者，悬于小指之间。揲者，以大指食指间而别之。奇，谓余数。扐者，扐于中三指之两间也。蓍凡四十有九，信手中分，各置一手，以象两仪，而挂右手一策于左手小指之间，以象三才。遂以四揲左手之策，以象四时，而归其余数于左手第四指间，以象闰。又以四揲右手之策，而再归其余数于左手第三指间，以象再闰。[①]是谓一变。其挂扐之数，不五即九。

扐
掛 扐
扐 掛 扐
掛 扐 掛
掛   得五者三，所谓奇也。[②]   得九者一，所谓偶也。[③]

---

① 五岁之象挂一，一也；揲左，二也；扐左，三也；揲右，四也；扐右，五也。

② 五除挂一即四，以四约之为一，故为奇，即两仪之阳数也。

③ 九除挂一即八，以四约之为二，故为偶，即两仪之阴数也。

一变之后，除前余数，复合其见存之策，或四十，或四十四，分挂归如前法，是谓再变，其挂扐者，不四则八。

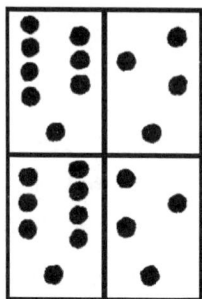

得四者二，所谓奇也。①

得八者二，所谓偶也。②

再变之后，除前两次余数，复合其见存之策，或四十，或三十六，或三十二，分挂揲归如前法，是谓三变。其挂扐者，如再变例。

三变既毕，乃合三变，视其挂扐之奇偶，以分所遇阴阳老少，是谓一爻。

上三奇为老阳者，凡十有二，挂扐之数，十有三。除初挂之一为十有二，以四约而三分之，为一者三。一奇象圆而围三，故三一

---

① 不去挂一，余同前义。

② 不去挂一，余同前义。

之中，各复有三而积三三之数则为九；过揲之数三十有六，以四约之，亦得九焉。^① 即四象太阳居一含九之数也。

上两奇一偶，以偶为主，为少阴者，凡二十有八。挂扐之数十有七，除初挂之一为十有六，以四约而三分之为一者二，为二者一。一奇，象圆而用其全，故二一之中，各复有三。二偶，象方而用其半，故一二之中，复有二焉。而积二三一二之数则为八，过揲之数三十有二，以四约之，亦得八焉。^②

----

① 挂扐除一，四分四十有八，而得其一也。一其十二而三其四也，九之母也。过揲之数，四分四十八，而得其三也。三其十二而九其四也，九之子也。皆径一而围三也。

② 挂扐除一，四其四也，自一其十二者而进四也，八之母也。过揲之数，八其四也，自三其十二者而退四也，八之子也。即四象少阴居二含八之数也。

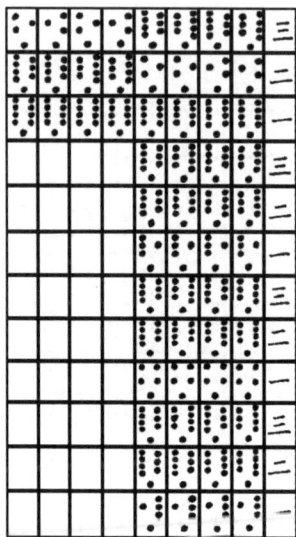

上两偶一奇，以奇为主，为少阳者凡二十，挂扐之数二十有一，除初挂之一为二十，以四约而三分之，为二者二，为一者一，二偶象方而用其半，故二二之中各复有二。一奇象圆而用其全，故一三之中，复有三焉。而积二二一三之数则为七，过揲之数二十有八，以四约之亦得七焉。① 即四象，少阳居三含七之数也。

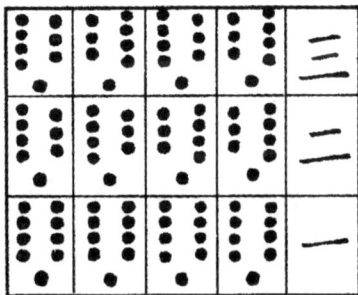

上三偶为老阴者四，挂扐之数二十有五，除初挂之一为二十有四，以四约而三分之，为二者三，二偶象方而用其半，故三二之中各复有二，而积三二之数则为六，过揲之数亦二十有四。以四约

----

① 挂扐除一，五其四也，自两其十二者而退四也，七之母也。过揲之数，七其四也，自两其十二者而进四也，七之子也。

之，亦得六焉。^① 即四象太阴居四含六之数也。

凡此四者，皆以三变皆挂之法得之。盖《经》曰"再扐而后挂"，又曰"四营而成易"，其指甚明。注疏虽不详说，然刘禹锡所记僧一行、毕中和、顾象之说，亦已备矣。近世诸儒，乃有前一变独挂，后二变不挂之说。考之于《经》，乃为六扐而后挂，不应"五岁再闰"之义，且后两变又止三营，盖已误矣。且用旧法，则三变之中，又以前一变为奇，后二变为偶，奇故其余五九，偶故其余四八。余五九者，五三而九一，亦围三径一之义也。余四八者，四八皆二，亦围四用半之义也。三变之后，老者阳饶而阴乏，少者阳少而阴多，亦皆有自然之法象焉。^②

阴阳以老为动，而阴性本静，故以四归于老阳，此老阴之数所以四，老阳之数所以十二也。少阳少阴之数本皆二十四，合之四十八。阴阳以少为静，而阳性本动，故以四归于少阴，此少阳之数，所以二十，而少阴之数，所以二十八也。易用老而不用少，故六十四变，所用者十二变十六变，又以四约之，阴用其三，阴用其一，盖一奇一偶对待者阴阳之体，阳三阴一，一饶一乏者，阴阳之用。故四时，春夏秋生物，而冬不生物。天地，东西南可见，而北不可见。人之瞻视亦前与左右可见，而背不可见也。不然则以四十九蓍，虚一分二，挂一揲四，则为奇者二，为偶者二，而老阳得八，老阴得八，少阳得二十四，少阴得二十四，不亦善乎。圣人之智，岂不及此而其取此而不取彼者，诚以阴阳之体数常均，用数则阳三而阴一也。

若用近世之法，则三变之余，皆为围三径一之义，而无复奇偶之分。三变之后，为老阳少阴者皆二十七，为少阳者九，为老阴者一，又皆参差不齐，而无复自然之法象，此足以见其说之误矣。至于阴阳老少之所以然者，则请复得而通论之，盖四十九策，除初挂之一而为四十八，以四约之为十二；以十二约之为四，故其揲之一

---

① 挂扐除一，六之母也，过揲之数，六之子也。四分四十有八而各得其二也，两其十二而六其四也，皆围四而用半也。

② 蔡元定曰：案五十之蓍，虚一分二，挂一揲四，为奇者三，为偶者二，是天三地二自然之数。而三揲之变，老阳老阴之数本皆八，合之得十六。

变也。挂扐之数，一其四者为奇，两其四者为偶，其三变也。挂扐之数三其四，一其十二，而过揲之数九其四，三其十二者为老阳。挂扐过揲之数皆六其四，两其十二者为老阴。自老阳之挂扐而增一四，则是四其四也。一其十二，而又进一四也。自其过揲者而损一四，则是八其四也。三其十二而损一四也。此所谓少阴者也。自老阴之挂扐而损一四，则是五其四也。两其十二，而去一四也。自其过揲而增一四，则是七其四也。两其十二而进一四也，此所谓少阳者也。二老者。阴阳之极也。二极之间，相距之数凡十有二。而三分之。自阳之极。而进其挂扐，退其过揲，各至于三之一则为少阴，自阴之极而退其挂扐，进其过揲，各至于三之一则为少阳。

老阳居一而含九，故其挂扐十二为最少，而过揲三十八为最多。少阴居二而含八，故其挂扐十六为次少，而过揲三十二为次多。少阳居三而含七，故其挂扐二十为稍多，而过揲二十八为稍少。老阴居四而含六，故其挂扐二十四为极多，而过揲亦二十四为极少。盖阳奇而阴偶，是以挂扐之数老阳极少，老阴极多，而二少者亦一进一退而交于中焉，此其以少为贵者也。阳实而阴虚，是以过揲之数，老阳极多，老阴极少，而二少者亦一进一退而交于中焉，此其以多为贵者也。

凡此不唯阴之与阳，既为二物而迭为消长，而其一物之中，此二端者，又各自为一物而迭为消长，其相与低昂，如权衡其相与判合，如符契固有非人之私智所能取舍而有无者。而况挂扐之数，乃七八九六之原，而过揲之数乃七八九六之委，其势又有轻重之不同，而或者乃欲废置挂扐而独以过揲之数为断，则是舍本而取末，去约以就烦，而不知其不可也，岂不误哉。

邵子曰："五与四四去挂一之数，则四三十二也。九与八八去挂一之数，则四六二十四也。五与八八，九与四八，去挂一之数，则四五二十也。九与四，四五与四八，去挂一之数，则四四十六也。故去其三四五六之数以成九八七六之策，此之谓也。"一爻已成，再合四十九策，复分挂揲归以成一变，每三变而成一爻，并如前法。

乾之策，二百一十有六。坤之策，百四十有四。凡三百有六十，当期之日。

"乾之策，二百一十有六"者，积六爻之策，各三十六而得之也。"坤之策，百四十有四"者，积六爻之策，各二十有四而得之也。"凡三百六十"者，合二百一十有六，百四十有四而得之也。"当期之日"者，每月三十日，合十二月为三百六十也。盖以气言之，则有三百六十六日。以朔言之，则有三百五十四日。今举气盈朔虚之中数而言，故曰"三百有六十"也。然少阳之策二十八，积乾六爻之策，则一百六十八。少阴之策三十二，积坤六爻之策，则一百九十二。此独以老阴阳之策为言者，以《易》用九六，不用七八也。然二少之合亦"三百有六十"。

二篇之策，万有一千五百二十，当万物之数也。

"二篇"者，上下经，六十四卦也。其阳爻，百九十二，每爻各三十六策，积之得六千九百一十二。阴爻，百九十二，每爻二十四策，积之得四千六百八。又合二者为万有一千五百二十也。若为少阳，则每爻二十八策，凡五千三百七十六；少阴，则每爻三十二策，凡六千一百四十四，合之亦为万一千五百二十也。

是故四营而成易，十有八变而成卦，八卦而小成。引而伸之，触类而长之，天下之能事毕矣。

"四营"者，四次经营也。"分二"者，第一营也。"挂一"者，第二营也。"揲四"者，第三营也。"归奇"者，第四营也。"易"，变易也；谓揲之一变也。四营成变，三变成爻。一变而得两仪之象，再变而得四象之象，三变而得八卦之象。一爻而得两仪之画，二爻而得四象之画，三爻而得八卦之画，四爻成而得其十六者之一，五爻成而得其三十二者之一。至于积七十二营而成十有八变，则六爻见而得乎六十四卦之一矣。然方其三十六营而九变也。已得三画而八卦之名可见，则内卦之为贞者立矣此所谓八卦而小成者也。自是而往，引而伸之。又三十六营、九变以成三画，而再得小成之卦者，则外卦之为悔者亦备矣。六爻成，内外卦备，六十四卦之别可见。然后视其爻之变与不变，而触类以长焉，则天下之事，其吉凶悔吝皆不越乎此矣。

显道神德行，是故可与酬酢，可与祐神矣。

　　道因辞显，行以数神。"酬酢"者，言幽明之相应，如宾主之相交也。"祐神"者，言有以祐助神化之功也。

　　卷内蔡氏说"为奇者三，为偶者二"。盖凡初揲左手余一、余二、余三，皆为奇，余四为偶。至再揲、三揲，则余三者亦为偶，故曰奇三而偶二也。

考变占第四

乾卦用九："见群龙无首，吉。"《象》曰："用九天德，不可为首也。"坤卦用六："利永贞。"《象》曰："用六永贞，以大终也。"

用九、用六者，变卦之凡例也。言凡阳爻皆用九而不用七，阴爻皆用六而不用八。用九，故老阳变为少阴；用六，故老阴变为少阳。不用七、八，故少阳少阴不变。独于乾坤二卦言之者，以其在诸卦之首，又为纯阳、纯阴之卦也。圣人因系以辞，使遇乾而六爻皆九，遇坤而六爻皆六者，即此而占之。盖"群龙无首"，则阳皆变阴之象。"利永贞"，则阴皆变阳之义也。余见六爻变例。[①]

凡卦六爻皆不变，则占本卦彖辞，而以内卦为贞，外卦为悔。[②]

一爻变则以本卦变爻辞占。[③]

二爻变则以本卦二变爻辞占，仍以上爻为主。[④]

三爻变则占本卦及之卦之彖辞，即以本卦为贞，之卦为悔。前

[①] 欧阳子曰：乾坤之用九、用六何谓也？曰乾爻七九，坤爻八六。九六变，而七八无为。易道占其变，故以其所占者名爻，不谓六爻皆九六也。及其筮也，七八常多，而九六常少，有无九六者焉，此不可以不释也。六十四卦皆然，特于乾坤见之，则余可知耳。

愚案：此说发明先儒所未到，最为有功。其论七八多而九六少，又见当时占法，三变皆卦，如一行说。

[②] 彖辞为卦下之辞。孔成子筮立卫公子元，遇屯曰："利建侯。"秦伯伐晋，筮之，遇蛊曰："贞风也，其悔山也。"

[③] 沙随程氏曰：毕万遇屯之比，初九变也。蔡墨遇乾之同人，九二变也。晋文公遇大有之睽，九三变也。陈敬仲遇观之否，六四变也。南蒯遇坤之比，六五变也。晋献公遇归妹之睽，上六变也。

[④] 《经》《传》无文，今以例推之当如此。

十卦主贞，后十卦主悔。①

四爻变则以之卦二不变爻占，仍以下爻为主。②

五爻变则以之卦不变爻占。③

六爻变则乾坤占二用，余卦占之卦《象》辞。④

于是，一卦可变六十四卦，而四千九十六卦在其中矣。所谓"引而伸之，触类而长之，天下之能事毕矣"，岂不信哉！今以六十四卦之变，列为三十二图。最初卦者，自初而终，自上而下。得末卦者，自终而初，自下而上。变在第三十二卦以前者，占本卦爻之辞；变在第三十二卦以后者，占变卦爻之辞。⑤

					遯	姤	乾
		否					
涣	渐	大畜	中孚	无妄	讼		同人
蛊	未济	旅	需	睽	家人	巽	履
井	困	咸	大壮	兑	离	鼎	小畜
恒					革	大过	大有
							夬

				剥		观	
比	颐	蒙	艮	晋	损		益
豫	屯	坎	蹇	革	节	贲	噬嗑
谦	震	解	小过		归妹	既济	随
师	明夷	升			泰	丰	
坤	复	临					

---

① 凡三爻变者，通二十卦，有图在后。沙随程氏曰：晋公子重耳筮得国，遇贞屯悔豫皆八，盖初与四五凡三爻变也。初与五用九变，四用六变。其不变者二三上，在两卦皆为八，故云"皆八"，而司空季子占之曰皆"利建侯"。

② 经传亦无文，今以例推之当如此。

③ 穆姜往东宫，筮遇艮之八。史曰："是谓艮之随"。盖五爻皆变，唯二得八，故不变也。法宜以"系小子失丈夫"为占，而史妄引随之《象》辞以对，则非也。

④ 蔡墨曰：乾之坤曰"见群龙无首，吉"是也。然"群龙无首"，即坤之"牝马""先迷"也。坤之"利永贞"，即乾之不言所利也。

⑤ 凡言初终上下者，据图而言，言第几卦前后者，从本卦起。

乾（姤）

姤
乾　同人　无妄
遯　履　否　涣　蛊　中孚　家人
讼　小畜　渐　未济　井　离　大畜　睽
大有　旅　困　恒　革　兑　需　巽　鼎　夬
大壮　咸
大过

益（复）

益　颐
观　蒙　噬嗑　贲　损　剥　屯
晋　艮　坎　随　既济　节　比　震
萃　蹇　解　丰　归妹　豫　明夷
小过　升　泰　谦　临
师　坤　复

同人

同人　姤　遯　讼
乾　否　履　益　贲　巽　观
无妄　渐　小畜　噬嗑　既济　鼎　晋　艮
家人　旅　大有　随　丰　大过　萃　蹇
离　夬　咸　革
小过

涣

涣　蒙
中孚　颐　未济　蛊　剥　损　坎
睽　大畜　屯　困　井　比　节　解
兑　需　震　恒　豫　归妹　升
大壮　明夷　震　谦　泰　坤
师　临　复

履 訟 否 遯
无妄 姤 同人 小畜 損 觀 巽
乾 渙 益 大有 節 晉 鼎 蒙
中孚 未濟 夬 歸妹 革 大過 坎
睽 困 噬嗑 隨
兌
解

漸 艮
家人 大畜 剝 蠱 賁 塞
離 頤 需 咸 比 井 既濟 小過
革 屯 大壯 豫 恆 豐 坤
震 臨 師 復 升
明夷 泰
謙

小畜 巽 漸 觀
家人 中孚 渙 益 履 大有 遯 訟
乾 姤 同人 損 夬 艮 蒙 鼎
大畜 井 貫 蠱 節 泰 塞 坎 大過
需 既濟 升

否 晉
无妄 睽 剝 旅 未濟 噬嗑 萃
頤 離 兌 比 咸 困 隨 坤
屯 革 臨 謙 師 復 小過
明夷 大壯 恆 豐 解
歸妹 震 豫

		晉				旅	鼎	大有
	蒙	艮	小畜	損	噬嗑	未濟	離	
巽	訟	遯	泰	履	賁	蠱	睽	
升	解	小過	夬	歸妹	同人	姤	大畜	
大過					豐	恆	乾	
							大壯	

	觀				剝			
	坤	益	渙	漸	否	中孚		頤
	萃	復	師	謙	豫	臨	家人	无妄
	蹇	隨	困	咸		兌	明夷	震
	坎	既濟	井			需	革	
比	屯	節						

		萃				咸	大過	夬
	坎	蹇	泰	節	隨	困	革	
升	解	小過	小畜	歸妹	既濟	井	兌	
巽	訟	遯	大有	履	豐	恆	需	
鼎					同人	姤	大壯	
							乾	

	坤				比			
	觀	復	師	謙	豫	臨		屯
	晉	益	渙	漸	否	中孚	明夷	震
	艮	噬嗑	未濟	旅		睽	家人	无妄
	蒙	賁	蠱			大畜	離	
剝	頤	損						

遯

		履	乾		同人	遯
益	小畜	艮	觀	訟	无妄	姤
賁	噬嗑	大有	蹇	晉	巽	家人	否
既濟	隨	夬	小過	鼎	離	漸
豐			大過	革	旅	
					咸	

損

		中孚				損
節	蒙	頤	大畜	睽	剝	渙
歸妹	坎	屯	需	兌	比	蠱	未濟
泰	解	震	大壯		豫	井	困
復	升	明夷			謙	恆
師	坤					

訟

		同人		无妄	履	訟
小畜	益	蒙	巽	遯	乾	否
損	大有	噬嗑	坎	鼎	觀	中孚	姤
節	夬	隨	解	大過	晉	睽	渙
歸妹			萃		兌	未濟
					困	

明夷

		賁		家人		明夷
既濟	艮	大畜	頤	離	蠱	漸
豐	蹇	需	屯	革	井	剝	旅
復	小過	大壯	震		恆	比	咸
泰	坤	臨			謙	豫
謙	升				師	

易学启蒙 卦变图

巽卦图
益 家人 小畜 巽
履 同人 鼎 訟 觀 中孚 漸
大有 損 賁 大過 蒙 遯 乾 渙 姤
夬 節 既濟 升 坎 艮 大畜 蠱 需
泰 蹇
井

否卦图
噬嗑 无妄 否
隨 晉 睽 離 頤 未濟
復 萃 兌 革 屯 困 旅 剝
豐 坤 臨 明夷 師 咸 比
歸妹 小過 大壯 恆 謙
震 豫 解

鼎卦图
噬嗑 離 大有 鼎
損 賁 巽 蒙 晉 睽 旅
小畜 履 同人 升 訟 艮 大畜 未濟 乾 蠱
泰 歸妹 豐 解 遯 大壯 姤
夬 小過 恆

屯卦图
益 頤
復 觀 中孚 家人 无妄 渙 剝
隨 坤 臨 明夷 震 師 漸 否
既濟 萃 兌 革 困 謙 豫
節 蹇 需 井 咸
屯 比 坎

大過　夬　隨
咸　兌　革　節
困　坎　升　既濟
需　蹇　解　豐　巽　泰
井　小過　訟　鼎　同人　履　歸妹　小畜
恆　大壯　乾　大有
姤　遯

屯　復
比　師　震　明夷　臨　坤　益
否　豫　謙　渙　无妄　家人　中孚　觀　噬嗑
旅　未濟　睽　晉　賁
蠱　大畜　艮　損
蒙　剝　頤

无妄　否　姤
履　遯　乾　家人　頤　渙　漸
同人　觀　離　屯　未濟　旅　剝
益　晉　中孚　震　困　咸　比
噬嗑　睽　革　豫
隨　萃　兌

巽　蠱
小畜　賁　鼎　蒙　艮　大畜　井
夬　大有　損　既濟　大過　坎　蹇　需　恆
節　豐　解　小過　大壯　師
歸妹　坤　臨　謙
復　明夷　泰　升

家人
漸 小畜 益 同人 賁 既濟
巽 觀 遯 艮 蹇
中孚 乾 大畜 需
无妄 頤 屯
離 革 明夷
渙 姤 蠱 井
否 剝 比
旅 咸 謙

履 損 節
大有 夬 泰
噬嗑 隨 復 豐
訟 蒙 坎
鼎 大過 升
晉 萃 坤 小過
睽 兌 臨 大壯 震
未濟 困 師 恆 豫 歸妹
解

離
旅 大有 噬嗑 賁 同人 豐
鼎 晉 艮 遯 小過
睽 大畜 乾 大壯
頤 无妄 震
家人 明夷 革
未濟 蠱 姤 恆
剝 否 豫
漸 謙 咸

損 履 歸妹
小畜 泰 夬
益 復 隨 既濟
蒙 訟 解
巽 升 大過
觀 坤 萃 蹇
中孚 臨 兌 需 屯
渙 師 困 井 比 節
坎

表一（革）

		困			大過	咸	革
比	井	明夷	屯	兌	萃	夬	
謙	豫	恆	家人	震	需	隨	塞
漸	否	姤	離	无妄	大壯	小過	既濟
旅					乾	遯	豐
							同人

表二（坎）

師					坎		
渙	臨	坤	升	解	復		節
未濟	中孚	觀	巽	訟	益	泰	歸妹
蠱	睽	晉	鼎			噬嗑	履
	剝	大畜	艮			賁	小畜
	損	頤					大有

表三（中孚）

		漸		觀	渙	中孚
姤	否	睽	乾	家人	巽	益
未濟	蠱	剝	兌	大畜	无妄	訟	小畜
困	井	比	臨	需	頤	蒙	履
師					坎		損
					屯		節

表四（遯）

		旅		遯		
咸	離	鼎	晉	艮	大有		同人
謙	革	大過	萃	寒	夬	噬嗑	賁
豫	明夷	升	坤	泰	隨		既濟
恆	震	解			歸妹		復
小過	豐	大壯					

（左上・睽）

							睽
旅					晉	未濟	
蠱	剥	中孚	大畜	離	鼎	噬嗑	
渙	姤	否	臨	乾	頤	蒙	大有
師	恒	豫	兌	大壯	无妄	訟	損
困					震	解	履
							歸妹

（右上・艮）

						艮
漸						賁
謙	家人	巽	觀	遯	小畜	
咸	明夷	升	坤	小過	泰	益	同人
比	革	大過	萃	夬	復	豐
井	屯	坎	節	隨
既濟	需
蹇

（左下・兌）

						咸	兌
					萃	困	
井	比	臨	需	革	大過	隨	
師	恒	豫	中孚	大壯	坎	屯	夬
渙	姤	否	睽	乾	震	解	節
未濟					无妄	訟	歸妹
							履

（右下・艮）

					謙	蹇
漸	明夷	升	坤	小過	泰	既濟
旅	家人	巽	觀	遯	小畜	復	豐
剥	離	鼎	晉	大有	益	同人
蠱	頤	蒙	損	噬嗑
賁	大畜
艮

大畜

		大畜
剝	蠱	
	艮	
未濟	頤	賁
旅	蒙	
乾		
睽		
姤	中孚	大有
渙	離	損
漸	鼎	
大壯	巽	
恆	家人	小畜
師	需	明夷
謙		升
井		泰

晉

		晉
否	晉	
豫	履	噬嗑
无妄	觀	益
訟	坤	
遯		
比	歸妹	復
震	同人	豐
解	小過	節
咸	蹇	
屯		
困	大過	夬
革	兌	既濟
次		
隨		

需

		需
比	井	
寒	既濟	
困	坎	節
咸	屯	夬
大壯	兌	大過
恆	革	升
師	臨	中孚
謙	乾	明夷
姤	大畜	家人
渙	大過	巽
漸		泰
蠱		小畜

萃

		萃
豫	萃	
否	坤	隨
震	歸妹	復
解	觀	益
小過	履	同人
剝	訟	豐
无妄	遯	貞
旅	蒙	損
頤	艮	大有
離	鼎	
未濟		
噬嗑	睽	

大壯

大壯 恒 小過 豫
豐 解 震 臨 需 謙 師
歸妹 升 明夷 兌 大畜 咸 困 井
泰 大過 革 乾 睽 旅 未濟 蠱
大有 夬 鼎 離 姤

坤

坤 比
復 節 萃 蹇 坎 屯 剝
噬嗑 隨 既濟 賁 損 晉 艮 蒙 頤 否
同人 小畜 履 訟 无妄 漸
益 中孚 家人 巽 渙
頤

否

否 无妄 履 乾
訟 同人 姤 漸 剝 中孚 家人
益 旅 渙 比 睽 離 頤
遯 噬嗑 未濟 豫 兌 革 屯
觀 隨 咸 震
晉 困
萃

小畜

小畜 大畜
巽 艮 大有 損 賁 蠱 需
鼎 蒙 蹇 夬 節 既濟 井 大壯
大過 坎 小過 歸妹 豐 恒 臨
解 坤 復 師 明夷
謙 升
泰

漸

				家人	小畜	
中孚						
无妄	乾	旅	否	渙	益	巽	觀
離	頤	大畜	咸	剝	姤	同人	賁	遯
革	屯	需	謙	比	蠱			艮
明夷					井		既濟	蹇

履

睽						
兌	未濟	噬嗑	大有	損	晉	訟
臨	困	隨	夬	節	萃	鼎	蒙
大壯	師	復	泰		坤	大過	坎
震	恆	豐			小過		升
歸妹	解	豫				

旅

睽				大有	離	
頤	大畜	漸	剝	未濟	鼎	
家人	无妄	乾	謙	否	蠱	賁	晉
明夷	震	大壯	咸	豫	姤	同人	艮
革			恆	豐			遯
				小過		

損

中孚					觀	
臨	渙	益	小畜	履	坤	蒙
兌	師	復	泰	歸妹	巽	訟
需	困	隨	夬		萃	升	解
屯	井	既濟			蹇	大過
節	坎	比				

		兌				夬	革	咸
	屯	需	謙	比	困	隨	大過	
明夷	震	大壯	漸	豫	井	既濟	萃	
家人	无妄	乾	旅	否	恆	豐	蹇	
離					姤	同人	小過	
							遯	

	臨				節			
	中孚	師	復	泰	歸妹	坤		坎
	睽	渙	益	小畜	履	觀	升	解
	大畜	未濟	噬嗑	大有		晉	巽	訟
	頤	蠱	賁			艮	鼎	
損	蒙	剝						

		家人				益	中孚	渙
	乾	无妄	未濟	姤	漸	小畜	觀	
睽	大畜	頤	困	蠱	否	履	巽	
兌	需	屯	師	井	剝	損	訟	
臨					比	節	蒙	
							坎	

	離				同人			
	革	旅	大有	噬嗑	賁	鼎		遯
	明夷	咸	夬	隨	既濟	大過	晉	艮
	震	謙	泰	復		升	萃	蹇
	大壯	豫	歸妹			解	坤	
豐	小過	恆						

未濟

晉　睽

噬嗑　離

大有　旅　渙

蠱　頤　大畜

鼎　剝　姤　无妄　師　乾　中孚

損

蒙　履　否　恆　困　震　大壯　臨

訟　歸妹　豫

兌

解

—

賁

巽　同人　益　小畜　漸　明夷　艮

升　豐　復　泰　謙　革　觀

小過　大過　隨　夬　咸　屯　坎

震　節　比　需

蹇　井　既濟

—

兌　困

隨　革

草

夬　萃　井　師　屯　需

大過　節　比　咸　渙　震　大壯　臨

坎　歸妹　豫　恆　姤　无妄　乾　中孚

解　履　否　未濟

訟

睽

—

既濟

明夷

豐　升　寒

家人　謙　泰　復

同人　巽　坤　小過

離　漸　小畜　益

鼎　觀　遯

頤　旅　大有　噬嗑

蒙　晉

大畜　剝　損

大過

賁　艮　蠱

		頤				賁	大畜	蠱
	睽	離	姤	未濟	剝	損	艮	
乾	中孚	家人	恆	渙	旅	大有	蒙	
大壯	臨	明夷	井	師	漸	小畜	鼎	
需					謙	泰	巽	
							升	

	无妄				噬嗑			
	震	否	履	同人	益	訟		晉
	屯	豫	歸妹	豐	復	解	遯	觀
	革	比	節	既濟		坎	小過	坤
	兌	咸	夬			大過	蹇	
隨	萃	困						

		屯				既濟	需	井
	兌	革	恆	困	比	節	蹇	
大壯	臨	明夷	姤	師	咸	夬	坎	
乾	中孚	家人	蠱	渙	謙	泰	大過	
大畜					漸	小畜	升	
							巽	

	震				隨			
	无妄	豫	歸妹	豐	復	解		萃
	頤	否	履	同人	益	訟	小過	坤
	離	剝	損	賁		蒙	遯	觀
	睽	旅	大有			鼎	艮	
噬嗑	晉	未濟						

以上三十二图，反复之则为六十四图。图以一卦为主，而各具六十四卦。凡四千九十六卦，与焦赣《易林》合。然其条理精密，则有先儒所未发者，览者详之。